Dieudonné SITA LUEMBA

LES FAUX PROPHÈTES

Dieudonné SITA LUEMBA

LES FAUX PROPHÈTES

Étude Biblique Approfondie

Éditions Croix du Salut

Imprint

Any brand names and product names mentioned in this book are subject to trademark, brand or patent protection and are trademarks or registered trademarks of their respective holders. The use of brand names, product names, common names, trade names, product descriptions etc. even without a particular marking in this work is in no way to be construed to mean that such names may be regarded as unrestricted in respect of trademark and brand protection legislation and could thus be used by anyone.

Cover image: www.ingimage.com

Publisher:
Éditions Croix du Salut
is a trademark of
Dodo Books Indian Ocean Ltd. and OmniScriptum S.R.L publishing group

120 High Road, East Finchley, London, N2 9ED, United Kingdom
Str. Armeneasca 28/1, office 1, Chisinau MD-2012, Republic of Moldova, Europe
Printed at: see last page
ISBN: 978-620-6-17097-6

Table des matières

AVANT-PROPOS

Dans un monde où les croyances et les spiritualités se croisent, où les voix célestes se mêlent aux murmures de l'illusion, émergent des figures mystérieuses qui se présentent comme des intermédiaires entre l'humain et le divin. Leurs paroles résonnent comme des oracles, offrant guidance et espoir à ceux en quête de vérité et de réconfort.

Pourtant, parmi ces voix prophétiques, certaines se révèlent être des mirages, des leurres déguisés en messagers de lumière. Leur venue, non pas pour éclairer, mais pour égarer ; leur discours, non pas pour élever, mais pour tromper. Ce sont les faux prophètes, les guides déchus qui exploitent la foi des autres pour servir leurs propres desseins.

Ce livre, intitulé "Les Faux Prophètes", explore les méandres de ces figures obscures, démasquant leurs artifices et mettant en lumière les dangers qu'ils représentent pour les âmes en quête de spiritualité. À travers ces pages, nous plongeons dans un voyage de discernement, apprenant à distinguer la lumière de la noirceur, la vérité du mensonge.

Puissent les mots qui suivent éclairer nos esprits, fortifier notre discernement et nous guider vers une compréhension plus profonde de ce qui réside au-delà des apparences. Que cet ouvrage serve d'ancre et de protection contre les flots tumultueux des faux prophètes, et qu'il inspire chacun à marcher avec vigilance sur le chemin de la foi et de la vérité.

INTRODUCTION

Dans un monde où la spiritualité et la quête de sens occupent une place prépondérante, il n'est pas étonnant de voir une prolifération de prophètes et de leaders spirituels. La République Démocratique du Congo, riche en diversité culturelle et religieuse, n'échappe pas à cette tendance. Parmi ces prophètes, certains sont authentiques, guidés par une véritable connexion avec la divinité, tandis que d'autres se révèlent être des imposteurs, cherchant à profiter de la foi et de la vulnérabilité de leurs fidèles.

Il est frappant de constater que parmi cette multitude de prophètes, les faux semblent malheureusement surpasser en nombre les authentiques. Leur éloquence, leurs faux miracles et leurs promesses mirifiques peuvent séduire et égarer même les plus avertis. C'est dans ce contexte que ce livre se propose d'éclairer le lecteur sur la nature des faux prophètes, de mettre en lumière les signes révélateurs de leur imposture, et de proposer des conseils pratiques pour éviter de tomber dans leurs pièges perfides.

À travers une exploration approfondie de ce phénomène qui touche de près notre société congolaise et qui résonne à l'échelle mondiale, nous aborderons les stratagèmes utilisés par les faux prophètes pour tromper, les conséquences dévastatrices de leur influence, et les principes essentiels pour discerner la vérité de l'illusion. En nous armant de connaissances, de sagesse et de discernement, nous pourrons échapper aux mirages des faux prophètes et cultiver une foi ancrée dans la vérité.

Ce livre se veut un guide pour tous ceux qui aspirent à une spiritualité authentique, basée sur des fondements solides et exempte de manipulations. En nous engageant dans ce voyage de découverte et de discernement, nous pourrons ériger un rempart contre les faux prophètes et avancer avec confiance sur le chemin de la vérité et de la croissance spirituelle.

CHAPITRE I : QUI SONT LES FAUX PROPHÈTES?

I.1 Quelle est la définition d'un faux prophète selon la Bible?

Dans la Bible, un faux prophète est généralement décrit comme quelqu'un qui prétend parler au nom de Dieu ou transmettre des révélations divines, mais qui en réalité propage des mensonges, des faux enseignements, ou cherche à égarer les croyants.

Les Écritures mettent en garde contre ces faux prophètes et enseignent aux croyants à être vigilants pour ne pas être trompés. Voici trois informations bibliques importantes sur les faux prophètes :

1. Leurs fruits facilitent un discernement

Les fruits de ces prophètes, c'est-à-dire leurs actions et les résultats produits par ces individus, permettent de discerner la vérité de la tromperie, sur ce, il est écrit dans l'évangile de Matthieu: "*Méfiez-vous des faux prophètes, qui viennent à vous en vêtements de brebis, mais qui au-dedans sont des loups ravisseurs. Vous les reconnaîtrez à leurs fruits[1].*"

2. Ils sont initiateurs et propagateurs des enseignements pernicieux

Ces faux prophètes introduisent des enseignements pernicieux et égarent les fidèles, mettant en péril leur foi et leur relation avec Dieu. L'apôtre Pierre dans sa seconde épitre écrit: "*Il y a eu parmi le peuple de faux prophètes, et il y aura de même parmi vous de faux docteurs, qui introduiront des sectes pernicieuses et renieront le Maître qui les a rachetés. Beaucoup les suivront dans leur licence, et la voie de la vérité sera calomniée à cause d'eux[2].*"

---

[1] Matthieu 7:15-20 (NBS)
[2] 2 Pierre 2 :1-2

3. Face à ce fléau la bible nous appelle à un discernement rigoureux.

Face à ce danger de la multiplication de faux prophètes, l'apôtre Jean prend un grand soin de nous inviter à développer un discernement pour être à l'abri du piège: "*Bien-aimés, n'ajoutez pas foi à tout esprit; mais éprouvez les esprits, pour savoir s'ils sont de Dieu, car plusieurs faux prophètes sont venus dans le monde[3].*"

Partant de ces informations voici trois essentielles vérités à savoir au sujet de la définition :

- Un faux prophète, selon la Bible, est une personne qui prétend avoir une relation spéciale avec Dieu ou recevoir des révélations divines, mais qui détourne en réalité les gens de la vérité biblique.
- Ces individus peuvent chercher à promouvoir leurs propres intérêts, propager des doctrines hérétiques, ou encourager des pratiques contraires à l'enseignement de Jésus-Christ.
- La Bible exhorte les croyants à tester les esprits, à examiner les fruits de ceux qui se prétendent prophètes, et à rester fidèles à la Parole de Dieu pour éviter d'être égarés par de tels faux enseignants.

1.2. Quels sont les signes permettant d'identifier et discerner un faux prophète?

Dans les Écritures, plusieurs signes permettent d'identifier un faux prophète. Ces indications aident les croyants à discerner la vérité de la tromperie et à éviter d'être égarés par de faux enseignements, aussi, de discerner les motivations réelles derrière les actions d'un prédicateur ou d'un enseignant est crucial pour éviter d'être trompé par de faux enseignements.

---

[3] 1 Jean 4:1 (NBS)

La Bible nous donne des directives claires sur la manière dont nous pouvons discerner les motivations véritables derrière les actions de ceux qui prêchent ou enseignent mais aussi d'identifier.

Voici quelques signes bibliques identifiant les faux prophètes et qui aident à discerner leurs motivations réelles :

1. Leurs fruits

Les fruits, c'est-à-dire les actions et les enseignements qu'ils produisent, sont un indicateur crucial pour identifier un faux prophète. C'est dans ce sens que Jésus attire l'attention de ses disciples en disant : "*Méfiez-vous des faux prophètes, qui viennent à vous en vêtements de brebis, mais qui au-dedans sont des loups ravisseurs. Vous les reconnaîtrez à leurs fruits[4].*"

Jésus nous invite à examiner les fruits de la vie d'une personne pour discerner la vérité derrière ses actes. Les actions et les fruits d'une personne peuvent révéler ses véritables motivations et caractère. Si les fruits sont bons et en accord avec la Parole de Dieu, cela indique souvent des motivations pures.

Les actions et les résultats de l'enseignement d'un prophète, sont un indicateur essentiel pour discerner s'il est authentique ou faux. Les actions et le caractère d'un prophète révéleront la vérité sur sa croyance et sa relation avec Dieu. Les fruits de sa vie, tels que l'amour, la paix, la patience, la bonté et la fidélité à Dieu, peuvent être des indicateurs de sa véritable nature.

---

[4] Matthieu 7:15-20 (NBS)

2. Ils transmettent une connaissance erronée sur Jésus-Christ.

La confession correcte de Jésus-Christ est un signe important d'un esprit authentique. L'apôtre Jean dans sa première épitre s'adresse aux destinataires à ces termes: "*Bien-aimés, n'ajoutez pas foi à tout esprit; mais éprouvez les esprits, pour savoir s'ils sont de Dieu, car plusieurs faux prophètes sont venus dans le monde. Reconnaissez à ceci l'Esprit de Dieu: tout esprit qui confesse Jésus Christ venu en chair est de Dieu[5].*"

Pour discerner les motivations réelles derrière les actions d'un prédicateur ou enseignant, il est essentiel de comparer leurs enseignements et actions à la Parole de Dieu. Ceux qui enseignent conformément à la vérité biblique et qui cherchent à glorifier Dieu à travers leurs actions ont souvent des motivations justes.
La confession de Jésus-Christ comme venu en chair est un signe crucial d'un véritable prophète. Les enseignements qui contredisent cette vérité fondamentale peuvent être attribués à un faux prophète.

Un vrai prophète conduit les gens à adorer le vrai Dieu et à obéir à Sa Parole. Si les paroles ou les enseignements d'un prophète vont à l'encontre des commandements de Dieu, alors il est important de les rejeter.

3. Ils sont auteurs des miracles mensongers

Les faux prophètes peuvent exécuter des signes et des prodiges pour tromper les gens. Cependant, ces miracles ne garantissent pas la véracité de leur message. Dans l'évangile de Mathieu, il est écrit : "*Car il s'élèvera de faux Christ et de faux prophètes; ils feront de grands prodiges et des miracles, au point de séduire, s'il était possible, même les élus[6].*"

---

[5] 1 Jean 4:1-3 (NBS)
[6] Matthieu 24:24 (NBS)

Les miracles et les prodiges ne sont pas un gage de véracité. Même si un faux prophète accomplit des miracles impressionnants, les croyants doivent rester attentifs à la conformité de ses enseignements avec les Écritures.

4. La motivation du cœur

Dieu s'adresse au prophète Samuel de la sorte: "*L'Éternel dit à Samuel: Ne prends point garde à son apparence et à la hauteur de sa taille, car je l'ai rejeté. L'Éternel ne considère pas ce que l'homme considère; l'homme regarde à ce qui frappe les yeux, mais l'Éternel regarde au cœur[7].*"

Dieu sonde les cœurs et regarde au-delà de l'apparence extérieure. De même, nous devons chercher à comprendre les motivations profondes qui animent les actions des prédicateurs et enseignants, en examinant leurs cœurs plutôt que simplement leurs paroles ou apparences.

En conclusion, en examinant les fruits, en cherchant à comprendre les motivations du cœur et en évaluant la conformité à la Parole de Dieu, les croyants peuvent discerner les motivations réelles derrière les actions d'un prédicateur ou d'un enseignant. Mais aussi, en restant ancrés dans la Parole de Dieu, en discernant les fruits et en testant les esprits, les croyants peuvent reconnaître et éviter d'être influencés par les faux prophètes qui cherchent à détourner les fidèles de la vérité biblique.

1.3.5 Critères pour reconnaître un vrai prophète selon la Bible

La Bible fournit des critères essentiels pour discerner un vrai prophète d'un faux prophète. Voici cinq critères fondamentaux pour reconnaître un vrai prophète selon les Écritures, accompagnés de versets bibliques pertinents et de commentaires associés :

---

[7] 1 Samuel 16:7

1. Parole en accord avec la Parole de Dieu

Un vrai prophète ne contredira jamais la Parole de Dieu révélée dans les Écritures saintes. Sa parole sera en harmonie avec les enseignements bibliques et ne conduira pas les gens à s'éloigner de Dieu, mais au contraire à s'approcher de Lui.

Dans le livre de Deutéronome, il est écrit: "S'il s'élève au milieu de toi un prophète ou un songeur qui t'annonce un signe ou un prodige, et qu'il y ait un signe ou un prodige accompli [...] Tu n'écouteras pas les paroles de ce prophète ou de ce songeur, car c'est l'Éternel, votre Dieu, qui vous met à l'épreuve pour savoir si vous aimez l'Éternel, votre Dieu, de tout votre cœur et de toute votre âme[8]."

2. Accomplissement des prophéties

Un vrai prophète sera confirmé par l'accomplissement de ses prophéties. Dieu authentifiera la vérité de ses paroles en les concrétisant. Sur ce, les Ecritures nous éclairent en disant: "Peut-être diras-tu dans ton cœur: Comment connaîtrons-nous la parole que l'Éternel n'aura point dite? Quand le prophète parlera au nom de l'Éternel, et que cette parole n'aura point lieu et n'arrivera point, ce sera une parole que l'Éternel n'aura point dite[9].

3. Fruits de l'Esprit

Les fruits produits par un prophète permettent une évaluation afin de tirer des conclusions à son égard, pour un vrai prophète, ses actions, comportements et enseignements, doivent être en accord avec les principes de l'Évangile et produire des résultats positifs et édifiants.

---

[8] Deutéronome 13:1-3 (Louis Segond)
[9] Deutéronome 18:21-22 (Louis Segond)

Jésus, nous renvoie toujours aux fruits pour distinguer le vrai du faux : "Vous les reconnaîtrez à leurs fruits [...] Ainsi, tout bon arbre porte de bons fruits, mais le mauvais arbre porte de mauvais fruits[10]."

4. Pointage vers Jésus-Christ

Jean nous exhorte disant: "Bien-aimés, n'ajoutez pas foi à tout esprit; mais éprouvez les esprits, pour savoir s'ils sont de Dieu, car plusieurs faux prophètes sont venus [...][11]" .Un vrai prophète mettra l'accent sur Jésus-Christ comme Seigneur et Sauveur, et son message dirige toujours les gens vers une relation plus profonde avec Dieu à travers la foi en Christ.

5. Vie en conformité avec la sainteté

Un vrai prophète vivra une vie conforme à la volonté de Dieu, démontrant la sainteté et la moralité dans ses actions et ses choix. Jésus dit à ses disciples : "Ceux qui me disent: Seigneur, Seigneur! N'entreront pas tous dans le royaume des cieux, mais celui-là seul qui fait la volonté de mon Père qui est dans les cieux[12]."

En suivant ces critères bibliques, les croyants peuvent discerner avec sagesse et lucidité entre les vrais prophètes et les faux prophètes, assurant ainsi qu'ils suivent les voies de Dieu avec confiance et fidélité.

---

[10] Matthieu 7:15-20 (Louis Segond)
[11] 1 Jean 4:1 (Louis Segond)
[12] Matthieu 7:21-23 (Louis Segond)

1.4. Quelles sont les différences entre un vrai prophète et un faux prophète?

Les Écritures bibliques offrent des distinctions claires entre un vrai prophète et un faux prophète. Ces différences peuvent aider les croyants à discerner la vérité des fausses prophéties et à suivre le chemin de Dieu de manière authentique.

Il y a une différence que la bible établit entre le vrai et le faux prophète, voici quelques différences que nous relevons :

1. Les visions d'un faux prophète résultent de ses propres initiatives et créativité

Un faux prophète peut prophétiser des visions provenant de ses propres imaginations, et cela peut entrainer l'égarement des plusieurs personnes. Dans le livre du prophète Jérémie est écrit: *«Voici ce que déclare l'Eternel, le maître de l'univers : Ne prêtez pas l'oreille aux paroles des prophètes qui vous prophétisent. Ils vous entraînent dans le vide ; ils racontent les visions de leur imagination, non ce qu'ils ont entendu de la part de l'Eternel[13]."*

Les faux prophètes peuvent prophétiser des visions basées sur leur propre imagination ou des enseignements qui contredisent la vérité révélée dans les Écritures.

2. Les enseignements, un objet de distinction irréfutable entre le faux et le vrai prophète

Les fruits, c'est-à-dire les actions et les enseignements produits par les prophètes, sont une distinction cruciale entre les vrais et les faux prophètes, la bible dit "*Méfiez-vous des faux prophètes, qui viennent à vous en vêtements de brebis, mais qui au-dedans sont des loups ravisseurs. Vous les reconnaîtrez à leurs fruits* [14]"

---

[13] Jérémie 23:16 (NBS)
[14] . Matthieu 7:15-16 (NBS)

Il est essentiel de tester les esprits en comparant les enseignements d'un prédicateur ou prophète avec la vérité révélée dans la Parole de Dieu. Un vrai prophète sera en accord avec l'enseignement biblique, tandis qu'un faux prophète détournera les gens de la vérité. En suivant ces principes bibliques de discernement, les croyants peuvent être mieux équipés pour distinguer un vrai prophète d'un faux.

3. La fidélité et la conformité aux instructions divines

La fidélité à la parole de Dieu et la conformité à Ses commandements sont des critères déterminants pour distinguer un vrai prophète d'un faux prophète. Sous la loi, Dieu instruit son peuple disant: *«Si un prophète qui aura pris sur lui de prononcer en mon nom une parole que je ne lui ai point commandé de prononcer, et qui parlera au nom d'autres dieux, ce prophète-là sera tué[15]."*

Les vrais prophètes transmettent fidèlement la parole de Dieu telle qu'elle leur a été donnée, sans y ajouter ni retrancher. Ils suivent les commandements divins et prophétisent dans l'obéissance à Dieu.

En discernant les paroles et les actions des prophètes à la lumière des Écritures et en évaluant les fruits de leur ministère, les croyants peuvent identifier et suivre les vrais prophètes qui conduisent au nom de Dieu et éviter d'être égarés par les faux prophètes et les faux enseignements.

1.5. Comment les faux prophètes manipulent-ils les gens ?

Les faux prophètes ont utilisé divers moyens de manipulation à travers l'histoire pour tromper les gens et les éloigner de la vérité. Les Écritures bibliques mettent en garde

---

[15] Deutéronome 18:22 (NBS)

contre de telles manipulations et offrent un guide pour les croyants afin qu'ils soient vigilants.

Voici quelques méthodes de manipulation de faux prophètes que les Ecritures mettent à notre disposition :

1. Le déguisement pour mieux tromper

Les faux prophètes peuvent se présenter de manière trompeuse, cachant leur véritable intention de manipulation derrière une façade d'apparence pieuse. Il est écrit :"*Méfiez-vous des faux prophètes, qui viennent à vous en vêtements de brebis, mais qui au-dedans sont des loups ravisseurs[16].*"

Les faux prophètes utilisent souvent des tactiques de tromperie pour gagner la confiance des gens, se présentant sous une apparence pieuse ou charismatique.

2. Leurs enseignements ont pour but l'étouffement de la vie de Christ et la tromperie des croyants en vue de l'égarement

Les faux prophètes peuvent introduire des enseignements erronés qui conduisent à la dégradation spirituelle et à la tromperie des croyants. L'apôtre Pierre, nous prévient quand il dit :"*Mais il y a eu parmi le peuple de faux prophètes, comme il y aura aussi parmi vous de faux docteurs, qui introduiront des sectes pernicieuses, et qui, reniant le maître qui les a rachetés, attireront sur eux une ruine soudaine. Plusieurs les suivront dans leurs dissolutions, et la voie de la vérité sera calomniée à cause d'eux[17].*"

Ils introduisent des enseignements erronés et des pratiques contraires à la vérité biblique, égarant ainsi les croyants du chemin de Dieu.

---

[16] Matthieu 7:15 (NBS)
[17] 2 Pierre 2 :1-2

3. Leurs propagandes ont comme soubassement les mensonges en vue d'atteindre leurs intérêts égoïstes

Les faux prophètes propagent des mensonges et des tromperies au nom de Dieu pour manipuler les gens à des fins égoïstes ou malveillantes. Dans le livre du prophète Jérémie, nous lisons: *"Et l'Eternel me dit : C'est le mensonge que prophétisent les prophètes en mon nom ; je ne les ai point envoyés, je ne leur ai point donné d'ordre, je ne leur ai point parlé; ce qu'ils prophétisent à vous, c'est mensonge, divination, vanité, tromperie de leur cœur[18]."*

Leur objectif est souvent de satisfaire leurs propres désirs, de gagner du pouvoir ou de l'argent, au lieu de servir authentiquement Dieu et Son peuple.

En étant vigilants, en examinant attentivement les enseignements à la lumière des Écritures et en restant fermes dans la vérité révélée, les croyants peuvent se protéger des manipulations des faux prophètes et rester ancrés dans la foi authentique.

1.6. Quel rôle jouent les faux prophètes dans la déception spirituelle?

Les faux prophètes jouent un rôle essentiel dans la déception spirituelle en égarant les gens loin de la vérité et de la voie de Dieu. Leur influence pernicieuse peut semer la confusion, semer le doute et compromettre la foi des croyants. Les Écritures bibliques mettent en garde contre ces dangers et soulignent l'importance de discerner les vrais prophètes des faux.

Voici quelques informations que nous donne la parole de Dieu pour révéler le rôle des faux prophètes dans la déception spirituelle

---

[18] Jérémie 14:14 (NBS)

1. Ils plongent les croyants dans l'océan des illusions et fausses espérances

Les faux prophètes conduisent les gens vers des fausses espérances et des illusions, détournant leur attention de la vraie parole de Dieu. Dieu avertit son peuple à travers Jérémie à ses termes: "*Ainsi parle l'Eternel des armées : N'écoutez pas les paroles des prophètes qui vous prophétisent ! Ils vous entraînent à des choses vaines ; ils prononcent les oracles de leur cœur, et non la bouche de l'Eternel[19].*"

Les faux prophètes exploitent souvent la crédulité des gens en utilisant des tactiques séduisantes pour attirer les croyants loin de la vérité.

2. Ils influencent pour faire régner la confusion

Les faux prophètes utilisent des signes et des prodiges pour tromper les gens, ajoutant une couche de confusion et de mystère à leurs enseignements mensongers. C'est dans cet optique que Jésus dit: "*Car il s'élèvera de faux Christs et de faux prophètes ; ils feront de grands prodiges et des miracles, au point de séduire, s'il était possible, même les élus[20].*"

Leur influence peut semer la confusion, créer des divisions au sein de la communauté croyante et compromettre la pureté de la foi.

3. Ils se donnent une certaine bonne apparence pour cacher leurs intentions odieuses pour mieux tromper et égarer

Les faux prophètes peuvent se présenter comme des serviteurs de la vérité, mais leur intention réelle est de propager la tromperie et l'égarement. L'apôtre Paul écrit : "*Ces*

---

[19] Jérémie 23:16 (NBS)
[20] Matthieu 24:24 (NBS)

hommes-là sont de faux apôtres, des ouvriers trompeurs, déguisés en apôtres de Christ. Et cela n'est pas étonnant, puisque Satan lui-même se déguise en ange de lumière. Il n'est donc pas étrange que ses ministres aussi se déguisent en ministres de justice ; mais leur fin sera selon leurs œuvres[21]."

En encourageant les croyants à s'éloigner de la vérité révélée dans les Écritures, les faux prophètes peuvent les exposer à des enseignements erronés et les éloigner de la relation authentique avec Dieu.

En restant vigilants, en étudiant les Écritures et en discernant l'esprit derrière les enseignements prophétiques, les croyants peuvent se protéger contre la déception spirituelle causée par les faux prophètes, restant ainsi ancrés dans la vérité et la lumière de Dieu.

1.7. Comment Jésus et les apôtres ont-ils averti contre les faux prophètes?

Jésus et les apôtres ont souvent mis en garde contre les faux prophètes et ont donné des avertissements clairs sur les dangers de les suivre.

Voici quelques avertissements sérieux de Jésus et les apôtres sur les faux prophètes qu'illustrent les Ecritures :

1. Avertissement de Jésus-Christ

Dans le livre de Matthieu, Jésus dit : "*Car il s'élèvera de faux christs et de faux prophètes ; ils feront de grands signes et des prodiges, au point de séduire, s'il était possible, même les élus*[22]." Cette portion des Ecritures prouve que Jésus prévenait

[21] Corinthiens 11:13-15 (NBS)
[22] Matthieu 24:24 (NBS)

clairement en démontrant que les faux prophètes utiliseraient des signes et des miracles pour tromper les gens et les écarter de la vérité.

Jésus, étant le plus grand prophète, a averti de manière prophétique de l'émergence de faux prophètes et les a identifiés comme des pièges spirituels pour les croyants.

2. Avertissement de l'apôtre Paul

Les apôtres ont également alerté les premières communautés chrétiennes sur les faux enseignants qui chercheraient à détourner les fidèles de la vérité de l'Évangile.

Dans le livre des Actes, Paul s'adresse aux anciens d'Ephese à ces mots : "*Je sais qu'il s'introduira parmi vous, après mon départ, des loups cruels qui n'épargneront pas le troupeau, et qu'il s'élèvera du milieu de vous des hommes qui enseigneront des choses pernicieuses, pour entraîner les disciples après eux[23].*" Les apôtres comme Paul savaient que des faux enseignants surgiraient pour semer la discorde et la confusion parmi les croyants.

3. Avertissement de l'apôtre Jean

Dans sa première épitre, l'apôtre Jean écrit : "*Bien-aimés, n'ajoutez pas foi à tout esprit ; mais éprouvez les esprits, pour savoir s'ils sont de Dieu, car plusieurs faux prophètes sont venus dans le monde[24].*" Ces propos sont tenus pour encourager les croyants à discerner les esprits et à tester les enseignements à la lumière de la Parole de Dieu pour éviter d'être trompés par de faux prophètes.

Les avertissements contre les faux prophètes révèlent l'importance de la vigilance, de la prière, de la connaissance des Écritures et du discernement spirituel pour éviter d'être

---

[23] Actes 20:29-30 (NBS)
[24] 1 Jean 4:1 (NBS)

trompé et égaré. En suivant ces avertissements et en restant fermes dans la foi basée sur la Parole de Dieu, les croyants peuvent reconnaître et éviter les faux prophètes qui cherchent à les éloigner de la vérité de Christ et de Son enseignement.

1.8. Les faux prophètes existent-ils uniquement dans le contexte de la Bible ou sont-ils toujours présents dans le monde actuel?

Les faux prophètes ne se limitent pas seulement à l'époque biblique, mais existent également dans le monde actuel. Les Écritures mettent en garde contre ces faux prophètes et soulignent que leur présence est une réalité continue à travers l'histoire.

Voici quelques informations que nous apporte la bible prouvant que la présence des faux prophètes est un fait réel tout au long de l'histoire de l'église :

1. Jésus montre que ce phénomène perdurera dans le temps et l'espace.

Jésus a averti que les faux prophètes peuvent sembler inoffensifs extérieurement, mais qu'ils ont des motivations et des intentions malveillantes. C'est pour cette raison qu'il dit : «*Gardez-vous des faux prophètes. Ils viennent à vous en vêtements de brebis, mais au-dedans ce sont des loups ravisseurs*[25]."

Au-delà d'être une interpellation, c'est aussi une preuve affirmant que les avertissements bibliques contre les faux prophètes ne se limitent pas aux temps bibliques, mais ont une pertinence intemporelle pour les croyants à toutes les époques.

---

[25] Matthieu 7:15 (NBS)

2. Pierre parle de l'influence des faux prophètes de son époque et de sa continuité dans l'avenir

Pierre souligne que les faux prophètes existaient à son époque et qu'ils continueront à sévir en introduisant des enseignements destructeurs. C'est à ce titre qu'il écrit : "*Il y a eu parmi le peuple de faux prophètes, et il y aura de même parmi vous de faux docteurs, qui introduiront des sectes pernicieuses, et qui, reniant le maître qui les a rachetés, attireront sur eux une ruine soudaine[26].*"

D'une manière générationnelle, les faux prophètes prendront différentes formes, utilisant des tactiques variées pour semer la confusion, détourner les fidèles de la vérité et promouvoir des enseignements contraires à la Parole de Dieu.

3. Parlant de l'émergence des faux prophètes de son temps, Jean parle aussi de la perpétuation de ce fait dans l'avenir.

Jean met en garde contre les nombreux faux prophètes qui ont déjà émergé et qui continueront à exercer leur influence trompeuse. C'est dans cet ordre d'idée qu'il est écrit : "*Bien-aimés, n'ajoutez pas foi à tout esprit ; mais éprouvez les esprits, pour savoir s'ils sont de Dieu, car plusieurs faux prophètes sont venus dans le monde[27].*"

Il est crucial pour les croyants de tous le temps d'être vigilants, enracinés dans la Parole, et guidés par le Saint-Esprit pour discerner les faux enseignements et les faux prophètes représentant des dangers spirituels.

En conclusion, les faux prophètes ne sont pas une relique du passé biblique, mais demeurent une réalité présente dans le monde actuel. Les avertissements bibliques sur

---

[26] 2 Pierre 2:1 (NBS)
[27] 1 Jean 4:1 (NBS)

les faux prophètes continuent de nous rappeler l'importance de la vigilance, de la prière et du discernement spirituel pour éviter d'être égarés par de telles influences déceptives.

1.9. Quels étaient quelques exemples de faux prophètes dans l'Ancien Testament?

Dans l'Ancien Testament, plusieurs exemples de faux prophètes sont mentionnés. Ces individus ont généralement prétendu parler au nom de Dieu alors qu'en réalité, ils propageaient des mensonges et des enseignements contraires à Sa volonté.

Voici quelques exemples d'anciens faux prophètes avec des versets pertinents :

1. Balaam (Nombres 22-24)

Balaam était un devin qui fut sollicité par le roi Balak pour maudire Israël. Bien qu'il ait prétendu consulter Dieu, il cherchait ses propres intérêts. Dieu a finalement contré ses intentions en lui ordonnant de bénir Israël à la place.

Il est écrit à son sujet : "*Il envoya des messagers à Balaam, fils de Béor, à Péthor sur le fleuve, dans le pays des fils de son peuple, pour l'appeler et lui dire : Voici, un peuple est sorti d'Égypte ; le voici couvrant la surface de la terre, et il habite vis-à-vis de moi[28].*"

2. Hanania (Jérémie 28)

Le livre de Jérémie, nous dépeint un faux prophète au nom de Hanania, voici les propos de Jérémie à son égard : "*Jérémie, le prophète, dit à Hanania, le prophète : Écoute, Hanania ! L'Éternel ne t'a pas envoyé, et tu as fait que ce peuple ait confiance dans le mensonge. C'est pourquoi ainsi parle l'Éternel : Voici, je vais te chasser de la*

____

[28] Nombres 22:5 (NBS)

surface de la terre ; tu mourras cette année, car tu as parlé de révolte contre l'Éternel[29]."

Hanania prophétisa faussement que le joug de Babylone serait brisé dans deux ans. Jérémie, le véritable prophète, reçut ensuite la confirmation divine que Hanania avait menti, résultant en des conséquences pour ce faux prophète.

3. Les prophètes de Baal (1 Rois 18)

La bible nous présente tout un corps de faux prophètes au temps d'Elie. Ce récit relate l'histoire de la confrontation entre Élie et les 450 prophètes de Baal sur le mont Carmel, mettant en lumière la fausseté des prophètes de Baal qui adoraient un dieu faux et impuissant[30].

Les prophètes de Baal étaient des faux prophètes qui servaient les intérêts du roi Achab et de la reine Jézabel, propageant des mensonges et trompant le peuple avec leur adoration idolâtre.

Ces exemples d'anciens faux prophètes dans l'Ancien Testament illustrent la présence de ces individus tout au long de l'histoire d'Israël. Ils rappellent l'importance du discernement et de la fidélité à la véritable parole de Dieu, en contrastant avec les faux enseignements et prophéties trompeuses qui cherchent à détourner les gens de la vérité.

---

[29] Jérémie 28:15-17 (NBS)
[30] 1 Rois 18:22-40 (NBS)

1.10. Quelles leçons pouvons-nous tirer de l'histoire des faux prophètes dans la Bible?

L'histoire des faux prophètes dans la Bible contient des leçons importantes pour les croyants à toutes les époques.

Voici quelques leçons que nous pouvons tirer de ces récits :

1. Importance du discernement spirituel (1 Jean 4:1)

Le discernement spirituel est crucial pour identifier les faux enseignements et les faux prophètes. Il est essentiel de confronter toute prédication ou tout enseignement avec la Parole de Dieu afin de distinguer la vérité de l'erreur. Sur ce l'apôtre Jean nous appelle à la culture du discernement disant : "*Bien-aimés, n'ajoutez pas foi à tout esprit; mais éprouvez les esprits, pour savoir s'ils sont de Dieu, car plusieurs faux prophètes sont venus dans le monde[31].*"

2. L'importance de la fidélité à la Parole de Dieu (Deutéronome 13:4)

La meilleure défense contre les faux prophètes est d'être profondément enracinée dans la Parole de Dieu, en obéissant à Ses commandements et en marchant dans Sa vérité. Cela nous aide à identifier les enseignements qui s'écartent de la doctrine biblique. Les Ecritures nous exhorte à ces mots: "*Vous marcherez après l'Éternel, votre Dieu, et vous le craindrez ; vous observerez ses commandements, vous obéirez à sa voix, vous le servirez, et vous vous attacherez à lui[32].*"

---

[31] 1 Jean 4:1 (LSG)
[32] Deutéronome 13:4 (LSG)

3. Conséquences des faux enseignements (Jérémie 23:16) :

Les faux prophètes peuvent entraîner les gens dans l'erreur et les éloigner de Dieu. Leurs enseignements vains peuvent avoir des conséquences graves sur ceux qui les suivent, d'où l'importance de rester ferme dans la vérité de la Parole de Dieu. Jérémie montre que se méfier de l'influence des faux prophètes nous place à l'abri des conséquences néfastes : *"Ainsi parle l'Éternel des armées : N'écoutez pas les paroles des prophètes qui vous prophétisent ! Ils vous entraînent à des choses vaines ; Ils publient une vision de leur cœur, Et non ce qui vient de la bouche de l'Éternel[33]."*

En réfléchissant sur l'histoire des faux prophètes dans la Bible, nous sommes exhortés à être vigilants, attachés à la vérité de la Parole de Dieu, et conscients des dangers des faux enseignements. Cela nous invite à cultiver un esprit critique et à chercher constamment la guidance du Saint-Esprit pour discerner la vérité et nous garder sur le droit chemin de la foi.

---

[33] Jérémie 23:16 (LSG)

CHAPITRE II: LES MOTIVATIONS DES FAUX PROPHÈTES

II.1. Quelles sont les motivations courantes derrière les actions des faux prophètes?

Les motivations des faux prophètes peuvent varier, mais la Bible fournit des indications sur certaines des raisons courantes qui peuvent se cacher derrière leurs actions.

Voici quelques motivations communes de tous les faux prophètes :

1. Appât du gain matériel

Certains faux prophètes agissent par cupidité, cherchant à exploiter les croyants pour leur propre gain matériel. Leur motivation principale est souvent l'amassement de richesses au détriment de la véritable spiritualité. L'apôtre Pierre souligne cette vérité disant : *"Par cupidité, ils trafiqueront de vous au moyen de paroles trompeuses, eux que menace depuis longtemps la condamnation, et dont la ruine ne sommeille point[34]."*

2. Recherche de pouvoir et de prestige

Certains faux prophètes cherchent le pouvoir et le prestige au sein de la communauté religieuse. Leur objectif est souvent d'accroître leur influence et leur contrôle sur les fidèles, les conduisant loin de la vérité et de la volonté de Dieu. A ce sujet, il est écrit dans le livre de Jérémie : *"Malheur aux pasteurs qui détruisent et dispersent Le troupeau de mon pâturage ! dit l'Éternel. C'est pourquoi ainsi parle l'Éternel, le Dieu d'Israël, sur les pasteurs qui paissent mon peuple : Vous avez dispersé mes brebis, vous les avez chassées, vous n'en avez pas pris soin[35]."*

---

[34] 2 Pierre 2:3 (LSG)
[35] Jérémie 23:1-2 (LSG)

3. Tromper et égarer

Certains faux prophètes cherchent à tromper et à égarer les gens en utilisant des signes et des prodiges, cherchant à attirer les gens loin de la vérité de l'Évangile. Dans l'évangile de Mathieu Jésus dit: *"Car il s'élèvera de faux Christs et de faux prophètes ; ils opéreront de grands prodiges et des miracles, au point de séduire, s'il était possible, même les élus[36]."*

Leur but ultime est de semer la confusion et de détourner les gens de Dieu. En étudiant ces motivations courantes des faux prophètes, nous sommes avertis des dangers de suivre aveuglément des guides spirituels sans discernement. Il est crucial de rester ancré dans la Parole de Dieu, d'être vigilants face aux enseignements qui s'écartent de la vérité et de rechercher constamment la direction du Saint-Esprit pour éviter d'être égarés par de faux prophètes aux motivations égoïstes et trompeuses.

II.2 Pourquoi les gens sont-ils souvent attirés par les faux prophètes malgré les avertissements bibliques?

Les gens sont souvent attirés par les faux prophètes malgré les avertissements bibliques pour plusieurs raisons.

Voici quelques raisons communes qui pousser les gens à suivre de tels dirigeants spirituels :

1. Recherche de gratification immédiate

Les gens peuvent être attirés par des faux prophètes car ils cherchent des enseignements qui leur apportent gratification, réconfort ou satisfaction immédiate, même si ces enseignements s'éloignent de la vérité biblique. Paul écrit : *"Car il viendra un temps*

---

[36] Matthieu 24:24

où les hommes ne supporteront pas la saine doctrine ; mais, ayant la démangeaison d'entendre des choses agréables, ils se donneront une foule de docteurs selon leurs propres désirs, détourneront l'oreille de la vérité, et se tourneront vers les fables[37]."

2. Faiblesse spirituelle et manque de discernement

Les personnes en manque de discernement spirituel et de fondement solide dans la foi peuvent être plus enclines à être attirées par des faux prophètes qui utilisent la tromperie et la manipulation pour séduire les gens. A ce titre les Ecritures disent : *"afin que nous ne soyons plus des enfants, flottants et emportés à tout vent de doctrine, par la tromperie des hommes, par leur ruse dans les moyens de séduction[38]"*

3. Besoin de direction et de sens

Christ dit : *"Gardez-vous des faux prophètes. Ils viennent à vous en vêtements de brebis, mais au dedans ce sont des loups ravisseurs[39]"*. Les gens peuvent être attirés par de faux prophètes en raison de leur besoin de direction, de réponses à leurs questions existentielles et de sens à donner à leur vie.

Les faux prophètes offrent souvent des réponses simplistes et attractives à ces besoins, mais qui s'éloignent de la vérité biblique. En dépit des avertissements bibliques clairs sur les faux prophètes, de nombreuses personnes peuvent encore être séduites en raison de ces motivations et de leur vulnérabilité spirituelle.

Il est, par conséquent, essentiel pour les croyants de cultiver un discernement spirituel, de s'appuyer sur la Parole de Dieu et de rechercher constamment la vérité en restant vigilants contre les enseignements déviants des faux prophètes.

---

[37] 2 Timothée 4:3-4
[38] Éphésiens 4:14
[39] Matthieu 7:15

II.3. En quoi les faux prophètes exploitent-ils les besoins et les désirs des gens?

Les faux prophètes exploitent les besoins et les désirs des gens de diverses manières pour gagner leur confiance et les suivre.

Voici quelques façons dont ils le font pour y arriver en usant des pratiques qui sont en contradiction avec les enseignements bibliques :

1. Promesses de prospérité matérielle

Les faux prophètes exploitent le désir des gens d'obtenir la prospérité matérielle en leur promettant des bénédictions financières et matérielles abondantes, ce qui peut conduire les gens à les suivre aveuglément sans se soucier de la véritable vérité spirituelle. À ce sujet le prophète Jérémie s'adresse à son peuple de la sorte: «*Ainsi parle l'Éternel des armées : N'écoutez pas les paroles des prophètes qui vous prophétisent ! Ils vous entraînent à des vanités ; Ils disent les visions de leur cœur, Et non ce qui vient de la bouche de l'Éternel[40].*"

2. Satisfaction des désirs égoïstes

Les faux prophètes exploitent les désirs égoïstes des gens en leur promettant la satisfaction de leurs besoins et désirs personnels sans tenir compte des enseignements bibliques sur le renoncement de soi et le service aux autres. Pierre écrit ce qui suit à ce sujet : "*Par cupidité, ils trafiqueront de vous au moyen de paroles trompeuses, eux que menace depuis longtemps la condamnation, et dont la ruine ne sommeille point[41].*"

3. Manipulation émotionnelle

Les faux prophètes manipulent souvent les émotions des gens en utilisant des discours émotionnels, des expériences intenses et des manifestations spectaculaires pour

---

[40] Jérémie 23:16
[41] 2 Pierre 2:3

susciter des réactions émotionnelles qui conduisent les gens à adhérer à leurs enseignements déviants. Paul s'adresse aux Corinthiens disant : "*Car de tels hommes sont de faux apôtres, des ouvriers trompeurs, déguisés en apôtres de Christ. Et cela n'est pas étonnant, puisque Satan lui-même se déguise en ange de lumière. Il n'est donc pas étrange que ses ministres aussi se déguisent en ministres de justice. Leur fin sera conforme à leurs œuvres[42].*"

En exploitant les besoins et les désirs légitimes des gens de manière manipulatrice, les faux prophètes détournent l'attention de la vérité biblique et éloignent les gens du chemin de la foi authentique.

Il est donc crucial pour les croyants d'être conscients de ces tactiques et de se tourner vers la Parole de Dieu pour discerner la vérité et ne pas se laisser séduire par de tels enseignements trompeurs.

II.4. Comment les faux prophètes justifient-ils leurs actions trompeuses?

Les faux prophètes justifient souvent leurs actions trompeuses en utilisant diverses tactiques pour détourner l'attention de leurs vraies motivations et intentions.

Voici quelques façons courantes dont ils justifient leurs actions, et la parole de Dieu met en lumière ces justifications fallacieuses :

1. Utilisation de paroles flatteuses

Les faux prophètes justifient souvent leurs actions trompeuses en utilisant des paroles flatteuses et en manipulant les émotions des personnes pour gagner leur confiance et les inciter à les suivre, même s'ils recherchent en réalité leur propre intérêt plutôt que celui de Christ. S'adressant aux Romains, Paul écrit: "*Car de tels hommes ne servent*

____

point Christ notre Seigneur, mais leur propre ventre; et, par des paroles douces et flatteuses, ils séduisent les cœurs des gens simples[43]."

1. Tromperie par des signes et des prodiges

Les faux prophètes justifient souvent leurs actions trompeuses en prétendant avoir des pouvoirs miraculeux et en effectuant des signes spectaculaires pour convaincre les gens de leur autorité spirituelle, même s'ils sont en réalité en opposition avec la vérité de la Parole de Dieu. Jésus dévoile cette tactique dont use souvent les faux prophètes en disant à ses disciples: "*Car il s'élèvera de faux Christs et de faux prophètes; ils feront de grands prodiges et des miracles, au point de séduire, s'il était possible, même les élus[44].*"

2. Revendications d'autorité divine

Les faux prophètes justifient souvent leurs actions trompeuses en revendiquant une autorité divine et en se présentant comme des agents de lumière, masquant ainsi leurs intentions malveillantes et leur éloignement de la véritable vérité de l'Évangile. Paul dit de ces ministres: "*Car de tels hommes sont de faux apôtres, des ouvriers trompeurs, déguisés en apôtres de Christ. Et cela n'est pas étonnant, puisque Satan lui-même se déguise en ange de lumière. Il n'est donc pas étrange que ses ministres aussi se déguisent en ministres de justice. Leur fin sera conforme à leurs œuvres[45].*"

En utilisant ces justifications trompeuses, les faux prophètes trompent les gens et les éloignent de la vérité de Dieu. Il est donc essentiel pour les croyants d'être vigilants, de se baser sur la Parole de Dieu pour discerner la vérité et de ne pas se laisser séduire par de telles manipulations sournoises qui génèrent la confusion et l'éloignement de la foi authentique.

---

[43] Romains 16:18
[44] Matthieu 24:24
[45] 2 Corinthiens 11:13-15

II.5. Quelles sont les caractéristiques typiques d'une doctrine promue par un faux prophète?

Les caractéristiques typiques d'une doctrine promue par un faux prophète peuvent varier, mais il existe souvent des schémas récurrents qui peuvent aider à identifier ces enseignements trompeurs.

Voici quelques caractéristiques courantes d'une doctrine promue par un faux prophète que les Ecritures dévoilent pour nous amener à un stade de discernement élevé :

1. Déformation de la vérité biblique

Une caractéristique clé d'une doctrine promue par un faux prophète est sa tendance à déformer, à manipuler ou à nier la vérité biblique pour servir ses propres desseins ou pour induire les autres en erreur. Pierre écrit pour définir la nature des enseignements de ces faux prophètes ce qui suit: "*Il y a eu parmi le peuple de faux prophètes, et il y aura de même parmi vous de faux docteurs, qui introduiront des sectes pernicieuses, et qui, reniant le maître qui les a rachetés, attireront sur eux une ruine soudaine[46].*"

2. Enseignements contraires à l'Évangile de Jésus-Christ

Les faux prophètes peuvent promouvoir des enseignements qui vont à l'encontre de l'Évangile de Jésus-Christ, altérant ainsi la vérité fondamentale de la rédemption par la grâce et la foi en Christ seul. L'église de Galate étant secouée par un nombre des faux enseignements, Paul reprend cette église avec douceur en dépeignant les caractéristiques de ses enseignements contraires à l'Evangile, dans cet ordre d'idée il écrit : "*Je m'étonne que vous vous détourniez si promptement de celui qui vous a appelés par la grâce de Christ, pour passer à un autre Évangile. Non pas qu'il y ait un autre Évangile, mais il y a des gens qui vous troublent, et qui veulent renverser*

---

[46] 2 Pierre 2:1

l'Évangile de Christ. Mais, quand nous-mêmes, quand un ange du ciel annoncerait un autre Évangile que celui que nous vous avons prêché, qu'il soit anathème! Comme nous l'avons déjà dit, je le répète maintenant: si quelqu'un vous annonce un autre Évangile que celui que vous avez reçu, qu'il soit anathème[47]!"

3. Motivations égoïstes et trompeuses

Les doctrines promues par les faux prophètes sont souvent motivées par des intérêts personnels, la recherche du pouvoir, de l'argent ou de la renommée, plutôt que par un véritable désir de servir Dieu et d'édifier son peuple. Ce sont des enseignements qui renforcent leurs personnalités et nourrissent la chair.

L'apôtre Jude démontre combien les enseignements de ces hommes ont une marque indélébile, la tromperie et l'égoïsme, par conséquent, il écrit ce qui suit à leur sujet : *"Ce sont des gens qui murmurent, se plaignent de leur sort, qui marchent selon leurs convoitises, qui ont à la bouche des paroles hautaines, qui admirent les personnes par motif[48]."*

En discernant ces caractéristiques d'une doctrine promue par un faux prophète, les croyants peuvent être mieux préparés à discerner la vérité, à rejeter les enseignements trompeurs et à rester fermes dans leur foi en suivant la véritable Parole de Dieu.

II.6. Quels rôles jouent l'argent et le pouvoir dans les motivations des faux prophètes?

L'argent et le pouvoir peuvent jouer un rôle significatif dans les motivations des faux prophètes. Voici quelques faits bibliques qui mettent en lumière ces aspects et la façon dont ces motivations peuvent influencer les actions des faux prophètes :

---

[47] Galates 1:6-9
[48] Jude 1:16

1. L'amour de l'argent, une voie ouverte pour l'embrasement du mal

Pour les faux prophètes, l'amour de l'argent peut les pousser à compromettre la vérité, à manipuler les autres et à poursuivre des enseignements qui s'alignent sur leurs intérêts financiers plutôt que sur la vérité de l'Évangile. Paul donne un avertissement sérieux à son fils Timothée au sujet de la cupidité en écrivant : "*Car l'amour de l'argent est une racine de tous les maux; et quelques-uns, en étant possédés, se sont égarés loin de la foi, et se sont jetés eux-mêmes dans bien des tourments[49].*"

2. L'appât du gain

Les faux prophètes peuvent utiliser des paroles trompeuses pour exploiter les autres par avidité, cherchant à tirer profit de leur position et de leur influence pour des gains personnels au détriment de ceux qu'ils sont censés servir. Cette soif animant le cœur d'un faux prophète est explicitée par l'apôtre Pierre quand il écrit : "*Par avarice, ils trafiqueront de vous au moyen de paroles trompeuses, eux que menace depuis longtemps la condamnation, et dont la ruine ne sommeille point[50].*"

3. L'avidité du pouvoir

Certains faux prophètes cherchent à exercer un pouvoir et un contrôle sur les autres, mettant en avant leurs propres désirs d'être reconnus, honorés et suivis, plutôt que de chercher à servir humblement Dieu et sa communauté. Voici ce que Jean dit de Diotrèphe, un assoiffé du pouvoir: "*J'ai écrit quelques mots à l'Église; mais Diotrèphe, qui aime à être le premier parmi eux, ne nous reçoit point.*" Diotrème est l'exemple solennel d'un faux serviteur avide du pouvoir[51].

---

[49] 1 Timothée 6:10
[50] 2 Pierre 2:3
[51] 3 Jean 1:9

En somme, l'argent et le pouvoir peuvent corrompre les motivations des faux prophètes, les détournant de la vérité et les poussant à chercher leurs propres intérêts plutôt que l'édification et le bien-être spirituel de ceux à qui ils sont censés enseigner. Il est essentiel pour les croyants d'être vigilants face à de telles motivations et de se tourner vers les enseignements véridiques de la Parole de Dieu pour être guidés dans leur foi.

II.7. Comment les faux prophètes utilisent-ils la langue et la rhétorique pour séduire leurs adeptes?

Les faux prophètes utilisent souvent la langue et la rhétorique de manière manipulatrice pour séduire et tromper leurs adeptes.

Voici quelques faits bibliques qui soulignent cette réalité, sur la manière dont les faux prophètes peuvent exploiter ces techniques pour servir leurs propres desseins :

1. L'usage de paroles flatteuses et mensongères

Les faux prophètes peuvent utiliser des paroles flatteuses et séduisantes pour attirer les personnes vulnérables et les tromper, cherchant à servir leurs propres intérêts plutôt que le véritable enseignement biblique. Depuis le temps ancien des apôtres, les faux serviteurs ont toujours usé de ce moyen. Paul révèle cela en écrivant: «*Car de tels hommes ne servent point Christ notre Seigneur, mais leur propre ventre; et, par des paroles douces et flatteuses, ils séduisent les cœurs des simples[52].*"

2. La tromperie par des discours creux

Les faux prophètes peuvent utiliser des discours sophistiqués et vides pour séduire leurs adeptes, en les éloignant de la vérité de l'Évangile et en les entraînant sur des chemins détournés qui ne conduisent pas à Christ. Paul écrit aux Colossiens ce qui suit : "*Prenez*

---

garde que personne ne fasse de vous sa proie par la philosophie et par une vaine tromperie, s'appuyant sur la tradition des hommes, sur les rudiments du monde, et non sur Christ[53]."

3. Le déguisement en serviteurs de justice

Les faux prophètes peuvent se présenter comme des serviteurs apportant des révélations particulières de la part de Dieu, utilisant des apparences trompeuses pour masquer leurs intentions malveillantes et tromper ainsi ceux qui cherchent la vérité. Paul avertit les Corinthiens écrivant : *"Et cela n'est pas étonnant, puisque Satan lui-même se déguise en ange de lumière. Il n'est donc pas étrange que ses ministres aussi se déguisent en ministres de justice; mais leur fin sera selon leurs œuvres[54]."*

En conclusion, les faux prophètes utilisent la langue et la rhétorique de manière manipulatrice pour séduire et égarer les individus innocents. Il est crucial pour les croyants d'être vigilants, de comparer les enseignements à la lumière de la Parole de Dieu et de chercher la direction du Saint-Esprit pour discerner la vérité et rester fermes dans leur foi.

II.8. En quoi la soif de notoriété et de reconnaissance peut-elle conduire quelqu'un à devenir un faux prophète ?

La soif de notoriété et de reconnaissance peut être un facteur clé qui pousse certaines personnes à devenir des faux prophètes.

Cette quête de gloire et de pouvoir peut corrompre la foi authentique et motiver des individus à déformer ou à inventer des enseignements pour atteindre leurs objectifs personnels.

---

[53] Colossiens 2:8
[54] 2 Corinthiens 11:14-15

Voici quelques faits que relèvent la bible à ce sujet et la façon dont la soif de notoriété peut conduire quelqu'un à devenir un faux prophète :

1. La vanité et la recherche de louange des hommes

La recherche de la louange des hommes peut conduire à une pratique de la foi basée sur l'apparence et le désir de reconnaissance de la part des autres, plutôt que sur une relation authentique avec Dieu. Les faux prophètes peuvent chercher à être glorifiés par les gens plutôt que de chercher la gloire de Dieu. C'est pour cette raison que Jésus dit : *"Gardez-vous de pratiquer votre justice devant les hommes, pour en être vus; autrement, vous n'aurez point de récompense auprès de votre Père qui est dans les cieux. Quand donc tu fais l'aumône, ne sonne pas de la trompette devant toi, comme font les hypocrites dans les synagogues et dans les rues, afin d'être glorifiés par les hommes. Je vous le dis en vérité, ils reçoivent leur récompense[55]."*

2. La tentation du pouvoir et de l'influence

La soif de pouvoir et d'influence peut amener certains à chercher des moyens de manipuler les autres pour obtenir ce qu'ils désirent. Ce fut le cas pour Simon et voici ce que les Ecritures, nous révèlent de lui : *"Simon, ayant vu que le Saint-Esprit était donné par l'imposition des mains des apôtres, leur offrit de l'argent, en disant: Accordez-moi aussi ce pouvoir, afin que celui à qui j'imposerai les mains reçoive le Saint-Esprit[56]."*

Ce désir de contrôle peut conduire des individus à devenir des faux prophètes pour atteindre leurs objectifs personnels, en exploitant la foi des autres à des fins égoïstes.

---

[55] Matthieu 6:1-2
[56] Actes 8:18-19

3. L'égocentrisme et la recherche de gratifications personnelles

Jérémie écrit concernant les pasteurs déviants de son époque ce qui suit : "*Malheur aux pasteurs qui détruisent et dispersent les brebis de mon pâturage! dit l'Éternel. C'est pourquoi ainsi parle l'Éternel, le Dieu d'Israël, Sur les pasteurs qui paissent mon peuple : Vous avez dispersé mes brebis, vous les avez chassées, vous n'en avez pas pris soin; voici, je vous châtierai à cause de la méchanceté de vos actions, dit l'Éternel[57].*"

Cette portion des Ecritures montre que l'égocentrisme et la focalisation sur ses propres besoins et désirs peuvent pousser une personne à la déviance, pour la trainer à l'exploitation les autres d'afin atteindre ses propres objectifs au détriment de leur bien-être spirituel.

En conclusion, la soif de notoriété, de reconnaissance, de pouvoir et d'influence peut corrompre la foi et conduire quelqu'un à devenir un faux prophète. Il est essentiel pour les croyants d'être vigilants, de discerner les motivations derrière les enseignements et les actions des leaders spirituels, et de vérifier leur alignement avec la vérité de la Parole de Dieu.

---

[57] Jérémie 23:1-2

CHAPITRE III: LE DISCERNEMENT DES FAUX PROPHÈTES

III.1. Quel rôle joue le Saint-Esprit dans le discernement des faux prophètes ?

Le Saint-Esprit joue un rôle vital dans le discernement des faux prophètes. En tant que troisième personne de la Trinité, le Saint-Esprit est notre conseiller, notre guide et celui qui nous aide à discerner la vérité.

Voici quelques façons dont le Saint-Esprit est impliqué dans le discernement des faux prophètes :

1. Illumination

Le Saint-Esprit illumine nos esprits pour comprendre la vérité et discerner entre le bien et le mal, entre ce qui est de Dieu et ce qui ne l'est pas. Sans la guidance du Saint-Esprit, il peut être difficile de distinguer les faux prophètes des vrais.

2. Conviction

Le Saint-Esprit agit en nous pour nous convaincre de ce qui est juste et de ce qui est faux. Lorsque nous sommes confrontés à des enseignements ou des prophéties qui ne sont pas en accord avec la Parole de Dieu, le Saint-Esprit peut nous alerter et nous donner un sens de discernement.

3. Guidance

En cherchant la direction du Saint-Esprit, nous pouvons être guidés dans nos décisions et nos jugements concernant les prophètes et les enseignements spirituels. Le Saint-

Esprit nous aide à distinguer les voix authentiques de Dieu de celles qui sont fausses ou trompeuses.

4. Confirmation

Le Saint-Esprit peut confirmer la vérité aux croyants et les aider à reconnaître les faux prophètes. Par la prière, la méditation sur la Parole de Dieu et l'écoute attentive de la voix du Saint-Esprit, les croyants peuvent être assurés de suivre la bonne voie.

5. Fruit de l'Esprit

Les fruits de l'Esprit - tels que l'amour, la paix, la patience, la bonté, la maîtrise de soi témoignent de la présence et du travail du Saint-Esprit dans nos vies. En observant les fruits de ceux qui se prétendent prophètes, nous pouvons souvent discerner leur véritable nature.

En résumé, le Saint-Esprit est essentiel pour le discernement des faux prophètes. En s'appuyant sur Sa guidance, Sa conviction et Son illumination, les croyants peuvent être armés pour faire face aux fausses doctrines et aux enseignements contraires à la Parole de Dieu.

C'est pourquoi il est crucial de cultiver une relation étroite avec le Saint-Esprit et de chercher Sa direction dans toutes les questions de discernement spirituel.

III.2 En quoi la connaissance des Écritures est-elle essentielle pour identifier les faux prophètes ?

La connaissance des Écritures joue un rôle crucial dans l'identification des faux prophètes.

Voici quelques raisons pour lesquelles la connaissance des Écritures est essentielle pour discerner les faux prophètes :

1. Standard de Vérité

Les Écritures servent de référence absolue et incontestable pour discerner la vérité de l'erreur. En connaissant les Écritures et en comprenant les enseignements bibliques, on est mieux équipé pour évaluer les déclarations et les enseignements des prophètes à la lumière de la Parole de Dieu.

2. Prévention de l'Égarement

En étant bien versé dans les Écritures, on est moins susceptible d'être trompé par des faux prophètes qui déforment les Écritures pour servir leurs propres intérêts ou enseigner de fausses doctrines. La connaissance des Écritures protège contre l'égarement spirituel.

3. Discernement Spirituel

La connaissance des Écritures est essentielle pour développer un discernement spirituel solide. En comprenant les principes et les enseignements bibliques, on est capable d'identifier plus facilement les faux enseignements et les prophètes qui s'éloignent de la vérité révélée dans la Bible.

4. Révélation de l'Essence de Dieu

Les Écritures révèlent la nature et le caractère de Dieu, ainsi que Sa volonté pour l'humanité. En comprenant qui est Dieu tel que révélé dans la Bible, on peut mieux discerner les prophètes authentiques qui témoignent de la vraie nature de Dieu par rapport aux faux prophètes qui déforment Son caractère.

5. Confirmation des Prophéties

La connaissance des Écritures permet de vérifier les prophéties et les enseignements des prétendus prophètes. Les Écritures contiennent souvent des critères pour évaluer les prophéties et les signes des prophètes, et une compréhension approfondie des Écritures permet de vérifier ces éléments avec précision.

En résumé, la connaissance des Écritures est un outil essentiel pour identifier les faux prophètes. En se fondant sur la vérité révélée dans la Bible, on peut développer un discernement spirituel solide, éviter l'égarement et distinguer entre les vrais et les faux prophètes.

Il est donc très important pour les croyants de s'engager dans l'étude des Écritures et de les méditer régulièrement pour être bien équipés pour discerner la vérité de l'erreur.

III.3. Quelles sont les erreurs courantes que les gens commettent lorsqu'ils évaluent la validité d'un prophète ou d'un enseignant ?

Lorsqu'il s'agit d'évaluer la validité d'un prophète ou d'un enseignant, il est courant de commettre plusieurs erreurs qui peuvent conduire à des conclusions erronées.

Voici quelques-unes des erreurs les plus courantes que les gens commettent lorsqu'ils évaluent la validité d'un prophète ou d'un enseignant :

1. Manque de discernement spirituel

Sans un discernement spirituel développé, il est facile de tomber dans le piège de croire en un faux prophète ou un faux enseignant. Le manque de sensibilité à la guidance de l'Esprit peut rendre les individus vulnérables à des influences trompeuses.

2. Focalisation sur les signes et prodiges

Certains accordent une importance démesurée aux signes et aux prodiges comme preuve de l'authenticité d'un prophète, sans évaluer les enseignements à la lumière des Écritures. Les miracles peuvent être contrefaits, et ne doivent pas être la seule base de validation d'un prophète.

3. Emphase sur l'expérience personnelle

Se fier uniquement à des expériences subjectives sans une base solide dans les Écritures peut conduire à des conclusions erronées.

L'émotionnel et le ressenti personnel ne devraient pas remplacer une évaluation objective des enseignements d'un prophète.

4. Ignorance des Écritures

Le manque de connaissance des Écritures peut entraîner une acceptation aveugle des enseignements d'un prophète sans les confronter à la vérité biblique.

L'ignorance des principes fondamentaux de la foi peut rendre les individus vulnérables à la manipulation de faux prophètes.

5. Suivre les tendances populaires :

Se laisser influencer par la popularité et le charisme d'un prophète plutôt que par la vérité biblique peut conduire à une acceptation non critique de ses enseignements. La popularité d'un enseignant ne garantit pas sa validité ou la véracité de ses prophéties.

6. Manque de critique et de remise en question

Accepter de manière passive tout ce qu'un prophète ou un enseignant dit sans poser de questions ou sans chercher à vérifier ses déclarations peut être préjudiciable. La remise en question et l'examen critique sont des éléments importants de la recherche de la vérité.

7. Rechercher uniquement le confort et la satisfaction personnelle

Certains peuvent suivre un prophète sur base uniquement de la satisfaction personnelle qu'ils ressentent par rapport à ses enseignements, plutôt que sur la véracité de ces derniers. La vérité peut parfois être inconfortable, mais c'est ce qui devrait guider la recherche spirituelle.

En résumé, évaluer la validité d'un prophète ou d'un enseignant demande discernement, une connaissance approfondie des Écritures et une enquête critique. Éviter ces erreurs courantes peut aider à discerner et à éviter d'être trompé par de faux prophètes.

III.4. Comment pouvons-nous tester les esprits pour savoir s'ils viennent de Dieu?

La question de tester les esprits pour savoir s'ils viennent de Dieu est un sujet important dans de nombreuses traditions religieuses et spirituelles. Dans la tradition chrétienne, cette question est souvent abordée à la lumière des Écritures.

Voici quelques principes bibliques qui peuvent guider la façon dont les croyants testent les esprits pour savoir s'ils viennent de Dieu :

1. Comparer avec les Écritures

Le premier critère pour tester les esprits est de les mettre à l'épreuve de la Parole de Dieu, la Bible. Les enseignements ou les messages reçus doivent être en accord avec les principes bibliques. Tout ce qui contredit les Écritures ne peut pas venir de Dieu.

2. Fruits de l'Esprit

Les chrétiens sont encouragés à évaluer les fruits de l'Esprit manifestés par une personne affirmant être inspirée par Dieu. Selon Galates 5:22-23, les fruits de l'Esprit incluent l'amour, la joie, la paix, la patience, la bonté, la bienveillance, la fidélité, la douceur et la maîtrise de soi.

3. Reconnaître Jésus-Christ

L'apôtre Jean exhorte les croyants à reconnaître que tout esprit qui confesse Jésus-Christ venu en chair est de Dieu (1 Jean 4:2-3). Cela signifie reconnaître l'importance et la vérité de Jésus en tant que Fils de Dieu venu dans la chair.

4. Discernement spirituel

Le discernement spirituel est essentiel pour distinguer les esprits. Cela peut être développé par la prière, l'étude des Écritures et en demandant la guidance de l'Esprit Saint pour discerner la vérité.

5. Communauté et conseil

Consulter d'autres croyants et leaders spirituels de confiance peut offrir une perspective extérieure et aider à confirmer ou remettre en question les enseignements ou les prophéties reçus.

6. Prière et recherche de Dieu

Prier pour la sagesse, la guidance et le discernement est essentiel lorsqu'on cherche à tester les esprits. Demander à Dieu de révéler la vérité et d'ouvrir les yeux spirituels pour discerner ce qui vient de Lui.

7. Examen constant

Il est important de ne pas simplement accepter les choses aveuglément, mais de continuellement examiner et tester les esprits à mesure que de nouveaux enseignements ou messages sont reçus. En somme, tester les esprits pour savoir s'ils viennent de Dieu nécessite une combinaison de discernement spirituel, de connaissance des Écritures, de prière et de recherche de Dieu.

En suivant ces principes, les croyants peuvent être mieux équipés pour distinguer la vérité de la tromperie.

III.4 Quelles questions pratiques pouvons-nous nous poser pour discerner la véracité des prophéties ou des enseignements d'un prédicateur ?

Discerner la véracité des prophéties ou des enseignements d'un prédicateur est capital pour les croyants afin d'éviter la tromperie et de rester fermes dans leur foi.

Voici quelques questions pratiques que vous pouvez vous poser pour aider à discerner la véracité des prophéties ou des enseignements d'un prédicateur :

1. Est-ce en accord avec les Écritures ?

La prophétie ou l'enseignement est-il en accord avec les principes et les enseignements bibliques fondamentaux ? - Les Écritures soutiennent-elles ce qui est prophétisé ou enseigné ?

2. Quels sont les fruits de ce ministère ?

Quels sont les résultats tangibles du ministère ou des prophéties de cette personne ? - Les fruits de l'Esprit (amour, joie, paix, patience, etc.) se manifestent-ils dans ce ministère ?

3. Quelle est la réputation et le caractère du prédicateur ?

Le prédicateur a-t-il une vie de foi et d'intégrité qui confirme ses paroles ? - Quelle est la réputation et le témoignage de cette personne dans la communauté chrétienne ?

4. Quelle est la motivation derrière les prophéties ou les enseignements ?

La personne semble-t-elle chercher la gloire pour elle-même ou pour Dieu ? - Est-ce que les prophéties ou les enseignements sont centrés sur Jésus et Son œuvre, ou mettent-ils en avant la personne qui les proclame ?

5. Quelle est la nature du message ?

Le message est-il encourageant, édifiant et conforme à l'amour chrétien ? - Y a-t-il un appel à la repentance, à la sainteté et à la croissance spirituelle ?

6. Y a-t-il une prédiction de timing ?

Si une prophétie contient un élément de timing (par exemple, une date ou une période précise), cela peut être un critère délicat à évaluer. Les prophéties avec des délais précis nécessitent une prudence particulière.

7. Consultation de mentors spirituels ou de conseils bibliques

Il est souvent utile de consulter d'autres croyants matures et de demander des conseils spirituels pour évaluer la véracité des prophéties ou des enseignements.

En appliquant ces questions et en recherchant la guidance de l'Esprit Saint, les croyants peuvent développer un discernement spirituel pour distinguer la vérité de l'erreur dans les prophéties et les enseignements des prédicateurs.

III.5 Quel rôle joue la communauté chrétienne dans le discernement des faux prophètes?

La communauté chrétienne joue un rôle essentiel dans le discernement des faux prophètes. Voici comment la communauté peut contribuer à ce processus de discernement :

1. Encouragement à l'Étude Biblique

La communauté peut encourager ses membres à étudier régulièrement la Bible afin de comprendre les principes fondamentaux de la foi chrétienne. Une connaissance approfondie des Écritures aide à discerner la vérité des faux enseignements.

2. Discernement Collectif

En discutant ouvertement des enseignements et des prophéties reçus, les membres de la communauté peuvent échanger leurs points de vue et leurs impressions pour mieux discerner la validité de ces messages.

3. Accountability (Responsabilité ou redevabilité)

La communauté offre un système de responsabilité où les croyants peuvent se soutenir mutuellement dans leur marche spirituelle. Cela peut inclure la correction fraternelle si un enseignant ou un prophète semble s'égarer dans son enseignement.

4. Validation des Enseignements

Les leaders spirituels et les théologiens au sein de la communauté peuvent valider ou réfuter les enseignements d'un prophète en les comparant avec la doctrine chrétienne orthodoxe.

5. Prières Collectives

La communauté peut s'unir dans la prière pour demander à Dieu la sagesse et le discernement nécessaires pour identifier les faux prophètes et les faux enseignements.

6. Formation et Enseignement

En offrant des opportunités de formation et d'enseignement solides, la communauté peut aider ses membres à développer un discernement spirituel basé sur la Parole de Dieu.

7. Discernement des Fruits

En observant les fruits du ministère d'un prophète ou d'un enseignant, la communauté peut évaluer s'ils sont alignés avec les principes bibliques et les fruits de l'Esprit.

8. Promotion de l'Amour et de la Vérité

À travers un climat d'amour, de vérité et de responsabilité mutuelle, la communauté peut cultiver un environnement favorable au discernement spirituel et à la croissance spirituelle.

En s'appuyant sur la sagesse collective, la prière commune, l'étude biblique et la responsabilité mutuelle, la communauté chrétienne peut jouer un rôle important dans le discernement des faux prophètes et des faux enseignements, permettant ainsi à ses membres de rester fermes dans la foi et dans la vérité.

III.6 En quoi la sagesse et le discernement sont-ils des dons essentiels pour l'Église dans la lutte contre les faux prophètes ?

La sagesse et le discernement sont des dons essentiels pour l'Église dans la lutte contre les faux prophètes.

Voici quelques raisons pour lesquelles ces dons sont si importants :

1. Discernement des esprits

La capacité de discernement permet aux croyants de distinguer entre ce qui est vrai et ce qui est faux, entre ce qui vient de Dieu et ce qui est de nature trompeuse. C'est crucial pour identifier les faux prophètes qui cherchent à égarer les fidèles.

2. Protection contre la tromperie

La sagesse et le discernement aident les membres de l'Église à reconnaître les enseignements erronés, les fausses promesses et les prophéties mensongères des faux prophètes, les protégeant ainsi de la tromperie et de l'égarement spirituel.

3. Prise de décisions éclairées

La sagesse permet aux croyants de prendre des décisions éclairées basées sur la vérité biblique et la direction de l'Esprit Saint, les aidant à éviter les pièges tendus par les faux prophètes.

4. Renforcement de la foi

En développant la sagesse et le discernement, les membres de l'Église renforcent leur foi en Dieu et en sa Parole, ce qui les rend plus fermes face aux fausses doctrines et aux manipulations des faux prophètes.

5. Protection de l'unité de l'Église

La sagesse et le discernement contribuent à préserver l'unité et la cohésion au sein de l'Église en empêchant les enseignements erronés des faux prophètes de semer la division et la confusion parmi les fidèles.

En conclusion, la sagesse et le discernement sont des dons précieux et essentiels pour l'Église dans sa lutte contre les faux prophètes. Ils aident les croyants à rester fermes dans la foi, à reconnaître la vérité, et à rejeter les enseignements trompeurs qui pourraient compromettre leur relation avec Dieu et leur croissance spirituelle.

III.7 À quoi ressemble un processus sain de discernement au sein d'une communauté chrétienne face à un enseignant controversé ?

Un processus sain de discernement au sein d'une communauté chrétienne face à un enseignant controversé implique généralement plusieurs étapes et s'appuie sur des principes bibliques et des pratiques spirituelles.

Voici à quoi pourrait ressembler un tel processus :

1. Évaluation initiale

Les membres de la communauté doivent d'abord écouter attentivement les enseignements de l'enseignant controversé et comparer ces enseignements à la Parole de Dieu.

2. Prières et Recherche des Écritures

Il est essentiel de chercher la direction de Dieu à travers la prière individuelle et collective, ainsi que par une étude approfondie des Écritures pour discerner la vérité.

3. Dialogue ouvert

Encourager un dialogue ouvert et respectueux au sein de la communauté pour discuter des préoccupations et des points de vue divergents concernant l'enseignant controversé.

4. Consultation des Leaders Spirituels

Impliquer les leaders spirituels de la communauté pour obtenir leur sagesse, leurs conseils et leur discernement dans la situation.

5. Discernement Communautaire

Les membres de la communauté devraient être encouragés à partager leurs réflexions, leurs inquiétudes et leurs expériences pour évaluer collectivement la situation.

6. Examen des Fruits

Évaluer les fruits de l'enseignant controversé en observant les effets de son enseignement sur la vie spirituelle, les relations et la croissance des membres de la communauté.

7. Humilité et Amour

Aborder la situation avec humilité, amour et respect mutuel, en reconnaissant que le discernement peut être un processus délicat et complexe.

8. Décision et Action

Après une période de discernement et de partage, la communauté peut prendre une décision éclairée sur la manière de traiter l'enseignant controversé, que ce soit par la correction fraternelle, le rejet de ses enseignements ou d'autres mesures appropriées.

9. Suivi et Réflexion

Après avoir pris une décision, il est important de suivre les résultats et de réfléchir à l'impact de cette décision sur la communauté et sur la croissance spirituelle de ses membres.

En mettant en pratique ces étapes et en se reposant sur la sagesse de Dieu, la prière et la communauté, les membres d'une communauté chrétienne peuvent aborder de manière constructive et édifiante les défis posés par un enseignant controversé, en cherchant toujours à rester fidèles à la Parole de Dieu et à la vérité révélée dans les Écritures.

CHAPITRE IV : LES CONSÉQUENCES DE SUIVRE DES FAUX PROPHÈTES

Les chrétiens doivent être prudents lorsqu'ils écoutent les enseignements des prédicateurs ou des prophètes, car il y a des faux prophètes qui cherchent à égarer les croyants.

Suivre un faux prophète peut avoir des conséquences graves sur la vie spirituelle et même sur la vie en général d'une personne. Les Écritures bibliques mettent en garde contre les dangers de suivre de tels guides spirituels déviants.

IV.1. Quelles sont les conséquences individuelles de suivre un faux prophète?

Suivre un faux prophète peut avoir des conséquences individuelles graves et néfastes sur la vie d'une personne.

Voici quelques-unes des conséquences individuelles de suivre un faux prophète :

1. Égarement spirituel et tromperie

L'une des conséquences les plus graves est l'égarement spirituel. Suivre un faux prophète peut entraîner une déviation des voies de Dieu, éloignant la personne de la vérité biblique et de la volonté de Dieu pour sa vie.

Certains faux prophètes peuvent promettre des bénédictions terrestres ou spirituelles qui ne sont pas alignées avec la volonté de Dieu, ce qui peut entraîner la perdition spirituelle de ceux qui les suivent.

Ainsi, courir derrière un faux prophète entraine la tromperie et un éloignement de la vérité, ce qui peut entraîner des résultats spirituellement destructeurs. Dans l'évangile de Mathieu, Jésus nous interpelle disant: "*Gardez-vous des faux prophètes. Ils viennent à vous en vêtements de brebis, mais au dedans ce sont des loups ravisseurs. Vous les reconnaîtrez à leurs fruits. Cueille-t-on des raisins sur des épines, ou des figues sur des chardons ? Tout bon arbre porte de bons fruits, mais le mauvais arbre porte de mauvais fruits[58].*"

Par conséquent, les faux prophètes peuvent présenter des enseignements déformés ou en contradiction avec la Parole de Dieu, ce qui peut conduire les croyants dans des voies d'égarement spirituel.

Bref, avoir comme guide un faux prophète peut traîner à la tromperie spirituelle, un affaiblissement de la foi et une dérive loin de la vérité révélée dans les Écritures, et surtout un éloignement de la vérité biblique et l'égarement sur le plan spirituel.

2. Confusion et doutes

Les enseignements erronés d'un faux prophète peuvent semer la confusion dans l'esprit d'une personne et susciter des doutes sur sa foi, ses croyances et sa relation avec Dieu.

Les enseignements trompeurs des faux prophètes peuvent semer la confusion dans l'esprit et le cœur des personnes, les empêchant de discerner la vérité et de suivre le chemin de Dieu.

3. Manipulation et contrôle

Certains faux prophètes cherchent à manipuler et à contrôler leurs adeptes, les incitant à agir selon leur volonté au lieu de suivre la volonté de Dieu. Cela peut entraîner une perte d'autonomie et de discernement chez les fidèles.

---

[58] Matthieu 7:15-20 (NBS)

4. Exploitation financière

De nombreux faux prophètes utilisent leur influence pour exploiter financièrement leurs adeptes, les incitant à donner de l'argent ou des biens sous prétexte de bénédictions spirituelles ou de faveur divine.

5. Isolement social et spirituel

Suivre un faux prophète peut conduire à un isolement social, car les proches peuvent être préoccupés par les croyances ou les actions de la personne qui suit l'enseignement du faux prophète.

Aussi, suivre un faux prophète peut entraîner une forme d'isolement spirituel, car les fidèles peuvent être détournés des communautés de foi saines et finir par se retrouver isolés ou coupés de relations spirituellement édifiantes.

6. Perte de discernement

Le fait de suivre un faux prophète peut affaiblir le discernement spirituel de la personne, la rendant plus vulnérable aux fausses doctrines et aux influences néfastes.

En écoutant continuellement les faux prophètes, les chrétiens peuvent progressivement perdre leur discernement spirituel et avoir du mal à distinguer la vérité de l'erreur.

7. Culpabilité et honte

Après avoir réalisé qu'ils ont suivi un faux prophète, les individus peuvent ressentir de la culpabilité, de la honte et de la confusion quant à leurs choix et à leurs actions passées.

8. Obstacle à la croissance spirituelle

Suivre un faux prophète peut conduire à être imprégné de mensonges et à être éloigné de la véritable communication avec Dieu. Jérémie écrit à ce sujet: *"L'Éternel m'a dit : Les prophètes prophétisent avec mensonge en mon nom ; je ne les ai pas envoyés, je ne leur ai pas donné d'ordre, je ne leur ai pas parlé. Ils vous prophétisent une fausse vision, une divination, la vanité, et la tromperie de leur cœur[59]."*

Les faux prophètes peuvent mener les croyants sur des chemins de compromis et de déviation par rapport à la vérité de l'Évangile, ce qui peut compromettre leur relation avec Dieu et leur croissance spirituelle.

Cette compromission conduit toujours à des pratiques et des croyances erronées, éloignant ainsi les individus de la relation sincère avec Dieu et de Sa volonté.
Par conséquent, suivre un faux prophète peut devenir un obstacle majeur à la croissance spirituelle, en empêchant la personne de développer une relation authentique avec Dieu et de progresser dans sa foi.

Il est donc crucial pour les croyants d'être vigilants, de comparer tout enseignement avec la Parole de Dieu, et de chercher la guidance du Saint-Esprit pour éviter les pièges des faux prophètes et rester fermes dans leur foi en Christ.

IV.2. En quoi les faux prophètes peuvent-ils causer des divisions au sein de la communauté des croyants?

Les faux prophètes peuvent causer des divisions au sein de la communauté des croyants de plusieurs manières, en semant la confusion, en promouvant des enseignements erronés et en manipulant les fidèles.

---

[59] Jérémie 14:14 (NBS)

Voici quelques façons dont les faux prophètes peuvent causer des divisions au sein de la communauté des croyants :

1. Propagations de fausses doctrines

Les faux prophètes propagent souvent des enseignements erronés et des doctrines hérétiques qui s'opposent à la vérité de la Parole de Dieu. Ces enseignements peuvent semer la confusion parmi les croyants et entraîner des divisions doctrinales au sein de la communauté.

2. Conflits théologiques

Les enseignements divergents des faux prophètes peuvent conduire à des conflits théologiques au sein de la communauté des croyants, divisant les fidèles en factions qui défendent différentes interprétations et croyances.

3. Groupes dissidents

Les adeptes des faux prophètes peuvent former des groupes dissidents au sein de la communauté des croyants, isolant ainsi certains membres et créant des tensions et des divisions au sein de l'Église.

4. Concurrence et jalousie

Les faux prophètes qui cherchent la popularité, le pouvoir ou l'argent peuvent susciter la jalousie et la rivalité au sein de la communauté des croyants, créant ainsi des divisions et des tensions parmi les fidèles.

5. Manipulation et contrôle

Certains faux prophètes cherchent à manipuler et à contrôler les adeptes pour servir leurs propres intérêts, ce qui peut diviser la communauté en créant des schismes entre ceux qui suivent aveuglément le faux prophète et ceux qui remettent en question son autorité.

6. Perte de confiance et d'unité et dépendance malsaine

Les actions et les enseignements des faux prophètes peuvent conduire à une perte de confiance et d'unité au sein de la communauté des croyants, sapant ainsi les relations fraternelles et affaiblissant le corps de Christ.

Les personnes qui suivent les faux prophètes peuvent développer une dépendance malsaine à leurs enseignements et à leurs pratiques, les empêchant d'avoir une relation personnelle et authentique avec Dieu.

7. Fragmentation de l'Église

En semant la discorde et en créant des divisions, les faux prophètes peuvent finalement fragmenter l'Église, affaiblissant son témoignage et compromettant son unité et sa mission.

Suivre un faux prophète entraine toujours une destruction spirituelle, des divisions au sein de la communauté croyante et une ruine morale. Pierre attire notre attention en écrivant : "*Mais il y a eu parmi le peuple de faux prophètes, et il y aura de même parmi vous de faux docteurs, qui introduiront des sectes pernicieuses, et qui, reniant le maître qui les a rachetés, attireront sur eux une ruine soudaine, et beaucoup les suivront dans leurs dissolutions[60].*"

---

[60] 2 Pierre 2:1-3 (NBS)

Il est donc essentiel pour les croyants d'être vigilants, de chercher la vérité dans la Parole de Dieu et de discerner les faux prophètes pour préserver l'unité et l'intégrité de la communauté des croyants. La prière, l'étude de la Bible et la communion fraternelle sont essentielles pour rester forts et unis dans la foi.

IV.3. Comment les faux enseignements des prophètes peuvent-ils conduire à des pratiques non bibliques?

Les faux enseignements des prophètes peuvent conduire à des pratiques non bibliques de plusieurs manières, en modifiant la compréhension de la foi, en déformant les enseignements bibliques et en introduisant des doctrines contraires à la Parole de Dieu.

Voici comment les faux enseignements des prophètes peuvent mener à des pratiques non bibliques :

1. Interprétations erronées de la Bible

Les faux enseignements des prophètes peuvent entraîner des interprétations erronées de la Bible, en tordant les Écritures pour soutenir leurs propres idées et doctrines. Cela peut conduire les fidèles à adopter des pratiques qui ne sont pas en accord avec la véritable signification des Écritures.

De cette façon, les faux prophètes peuvent affaiblir la foi des croyants en introduisant des idées fausses ou des pratiques douteuses qui sapent la confiance en Dieu et en Sa Parole.

2. Élaboration de doctrines hérétiques

Les faux prophètes peuvent introduire des doctrines hérétiques qui vont à l'encontre de l'enseignement biblique orthodoxe.

Ces doctrines erronées peuvent encourager des pratiques non bibliques et éloigner les croyants de la vérité révélée dans la Bible.

Ainsi, en écoutant les faux prophètes, les chrétiens risquent de se retrouver dans une confusion doctrinale, car les faux enseignements peuvent sembler attrayants mais sont en réalité en désaccord avec les principes bibliques.

3. Culte de la personnalité

Certains faux prophètes cherchent à élever leur propre statut et à attirer l'adoration des fidèles, ce qui peut conduire à des pratiques non bibliques de vénération de l'homme au lieu de Dieu.

4. Pratiques superstitieuses

Les faux prophètes peuvent promouvoir des pratiques superstitieuses, magiques ou occultes qui ne sont pas en accord avec les enseignements bibliques sur la spiritualité et la foi en Dieu.

5. Exploitation financière

Certains faux prophètes utilisent leur position pour exploiter financièrement leurs adeptes, en exigeant des offrandes excessives, des dîmes inappropriées ou en promettant des bénédictions matérielles en échange d'argent. Ces pratiques sont contraires à l'enseignement biblique sur la générosité et la responsabilité financière.

6. Pratiques cultuelles déviées

Les faux prophètes peuvent introduire des pratiques cultuelles déviées qui s'éloignent des prescriptions bibliques pour le culte et la communion des croyants, entraînant ainsi des pratiques non bibliques et étrangères à la foi chrétienne authentique.

7. Négligence de l'importance de la repentance et de la sanctification :

Certains faux enseignements des prophètes peuvent encourager une approche laxiste de la repentance, du pardon et de la sanctification, conduisant ainsi les croyants à adopter des pratiques qui minimisent l'importance de la sainteté et de la transformation intérieure conformément à l'enseignement biblique.

En somme, les faux enseignements des prophètes peuvent égarer les croyants en les poussant à adopter des pratiques qui ne sont pas en accord avec la saine doctrine et la vérité révélée dans la Bible. Il est donc nécessaire pour les croyants d'être ancrés dans la Parole de Dieu, de cultiver un discernement spirituel et de rejeter tout ce qui va à l'encontre des enseignements scripturaires authentiques.

IV.4. Quelles sont les implications sociales et éthiques de la propagation des faux prophètes ?

La propagation des faux prophètes peut avoir de graves implications sociales et éthiques, affectant à la fois les individus et les communautés de différentes manières.

Voici quelques-unes des implications sociales et éthiques de la propagation des faux prophètes :

1. Désorientation spirituelle

Les faux prophètes peuvent égarer les individus, les détournant de la vérité spirituelle et les conduisant sur des chemins de croyances erronées et de pratiques non bibliques. Cela peut entraîner une confusion spirituelle et une perte de repères pour les croyants.

2. Division dans les communautés

La propagation des faux prophètes peut diviser les communautés religieuses en créant des factions et des dissensions basées sur des interprétations erronées de la foi et des pratiques non bibliques. Cela peut affaiblir le tissu social et spirituel des communautés religieuses.

3. Exploitation et manipulation

Les faux prophètes peuvent exploiter et manipuler émotionnellement et financièrement leurs adeptes, en utilisant leur autorité spirituelle pour obtenir des avantages personnels au détriment de ceux qui les suivent. Cela peut entraîner une perte de confiance et des abus de pouvoir au sein des communautés religieuses.

4. Altération de l'éthique

La propagation des enseignements erronés des faux prophètes peut conduire à une altération de l'éthique au sein des communautés, en normalisant des pratiques contraires aux valeurs morales et éthiques traditionnelles. Cela peut affaiblir le tissu social et moral d'une société.

5. Aliénation et isolement

Les individus qui suivent les faux prophètes peuvent être aliénés de leur entourage et isolés socialement, en raison des croyances et pratiques non orthodoxes qu'ils adoptent. Cela peut entraîner une rupture des liens familiaux et sociaux, conduisant à un isolement spirituel et émotionnel.

6. Perte de crédibilité des institutions religieuses

La propagation des faux prophètes peut entraîner une perte de crédibilité des institutions religieuses dans leur ensemble, ternissant la réputation de la foi et causant un scepticisme généralisé envers les leaders religieux et les enseignements spirituels.

7. Impact sur la société

Les conséquences de la propagation des faux prophètes peuvent se répercuter au-delà des communautés religieuses, affectant la société dans son ensemble en sapant les valeurs morales, en encourageant la superstition et en alimentant les tensions sociales basées sur des croyances divergentes.

En conclusion, la propagation des faux prophètes a des implications sociales et éthiques profondes qui peuvent affecter la cohésion sociale, l'éthique individuelle, la confiance institutionnelle et la stabilité spirituelle des individus et des communautés.

Il est donc très important de cultiver un discernement spirituel, de promouvoir l'éducation religieuse et de s'appuyer sur des principes éthiques solides pour résister à l'influence néfaste des faux enseignements.

IV.5. Comment les faux prophètes nuisent-ils à la crédibilité de l'Église et à la réputation du christianisme ?

Les faux prophètes peuvent avoir un impact significatif sur la crédibilité de l'Église et sur la réputation du christianisme, en causant des dommages qui peuvent être profonds et durables.

Voici quelques façons dont les faux prophètes peuvent nuire à la crédibilité de l'Église et à la réputation du christianisme :

1. Discréditation des enseignements bibliques

Les faux prophètes interprètent souvent les Écritures de manière erronée, détournant ainsi la véritable signification des enseignements bibliques.

Cela peut induire en erreur les fidèles et conduire à une perception négative de l'Église en tant qu'institution capable de transmettre des enseignements authentiques.

2. Scandales et abus

Certains faux prophètes sont impliqués dans des scandales et des abus, que ce soit d'ordre financier, sexuel ou émotionnel. Ces comportements nuisent à l'intégrité morale de l'Église et nourrissent une image négative du christianisme.

3. Division et conflits

Les faux prophètes peuvent semer la division au sein des communautés chrétiennes en promouvant des enseignements hérétiques ou en encourageant des pratiques sectaires. Cela affaiblit l'unité de l'Église et renforce l'idée que le christianisme est une religion divisée et contradictoire.

4. Exploitation et manipulation

Certains faux prophètes abusent de leur autorité religieuse pour exploiter et manipuler émotionnellement leurs fidèles, les incitant à des actions contraires aux principes chrétiens. Ces pratiques nuisent à la confiance envers les leaders spirituels et ternissent la réputation de l'Église en tant qu'institution de confiance.

5. Dévoiement de la foi

Les faux prophètes déforment souvent la foi chrétienne en y ajoutant des éléments non bibliques ou en promouvant des interprétations extrêmes qui ne correspondent pas à la tradition théologique chrétienne. Cela brouille les frontières entre la vérité et l'erreur, sapant ainsi la crédibilité de l'Église en tant que gardienne de la foi authentique.

6. Réduction de l'attrait du message chrétien

En raison des actions et des enseignements des faux prophètes, certaines personnes peuvent être dissuadées d'explorer ou d'adopter la foi chrétienne, associant le christianisme à des pratiques douteuses, à l'exploitation et à la manipulation. Cela limite l'impact positif du message de l'Évangile et nuit à sa réputation.

En définitive, les faux prophètes peuvent sérieusement compromettre la crédibilité de l'Église et la réputation du christianisme, en affaiblissant la confiance du public envers les leaders religieux et en semant le doute quant à l'intégrité et à la légitimité de la foi chrétienne. Il est essentiel pour l'Église de promouvoir la transparence, l'intégrité et l'enseignement biblique authentique pour contrer l'influence néfaste des faux prophètes et restaurer sa crédibilité aux yeux du public.

IV.6. Quels sont les traumatismes spirituels que peuvent causer les faux prophètes à ceux qui les suivent ?

Les faux prophètes peuvent causer des traumatismes spirituels profonds à ceux qui les suivent, laissant des cicatrices émotionnelles et psychologiques durables.

Voici quelques-uns des traumatismes spirituels que les fidèles peuvent subir en raison de leur engagement avec de faux prophètes :

1. Dépossession de la foi

Les faux prophètes peuvent induire en erreur les fidèles en leur faisant croire en des enseignements erronés ou en les manipulant émotionnellement pour leur faire adopter des croyances néfastes.

Cela peut entraîner une perte de confiance en leur propre capacité à discerner la vérité spirituelle, entraînant un fort sentiment de désorientation et de confusion.

2. Peur et anxiété spirituelle

Les faux prophètes peuvent exploiter les peurs et les angoisses des fidèles pour exercer un contrôle sur eux. Les fidèles peuvent ainsi vivre dans la crainte de la damnation, de la colère divine ou d'autres conséquences spirituelles négatives, créant un état constant d'anxiété spirituelle qui entrave leur bien-être émotionnel et mental.

3. Culpabilité et honte

Certains faux prophètes utilisent la culpabilité et la honte pour maintenir leur emprise sur les fidèles. Ces derniers peuvent se sentir coupables de ne pas être assez pieux, assez généreux ou assez dévoués, ce qui entraîne un fardeau émotionnel et spirituel difficile à porter.

4. Aliénation de soi et des autres

Les faux prophètes peuvent encourager les fidèles à rejeter ceux qui remettent en question leurs enseignements ou à rompre les liens avec leur famille et leurs amis non membres de leur groupe. Cela peut entraîner une perte de connexion avec soi-même et avec les autres, créant un sentiment d'isolement et d'aliénation.

5. Perte de confiance en Dieu

Les traumatismes spirituels causés par les faux prophètes peuvent entraîner une perte de confiance en Dieu et en sa bonté. Les fidèles peuvent se sentir abandonnés par Dieu ou trompés par leur compréhension de la spiritualité, ce qui affecte leur relation avec le divin et leur perception de la foi en général.

6. Manipulation émotionnelle

Les faux prophètes utilisent souvent des tactiques de manipulation émotionnelle pour contrôler et influencer leurs fidèles.

Mais aussi, ces faux prophètes exploitent les émotions des croyants pour les manipuler et les amener à agir de manière incontrôlée ou à prendre des décisions basées sur des motivations émotionnelles plutôt que spirituelles.
Cela peut entraîner des traumatismes psychologiques, tels que des troubles de l'estime de soi, des troubles anxieux et des difficultés relationnelles, qui ont un impact profond sur la santé mentale et émotionnelle des fidèles.

En conclusion, les traumatismes spirituels causés par les faux prophètes peuvent avoir des conséquences dévastatrices sur la santé émotionnelle et spirituelle des fidèles, compromettant leur bien-être et leur croissance personnelle.

Il est crucial d'éduquer sur les signes précurseurs de l'exploitation spirituelle et d'encourager un discernement critique pour protéger les individus contre les influences nocives des faux prophètes.

IV.7. Comment les faux prophètes peuvent-ils détourner les croyants de la vérité?

Les faux prophètes peuvent détourner les croyants de la vérité de diverses manières, en utilisant des tactiques manipulatrices et des stratagèmes subtils pour gagner leur confiance et les éloigner des enseignements authentiques.

Voici quelques façons courantes dont les faux prophètes peuvent induire en erreur les croyants et les éloigner de la vérité :

1. Distorsion des Écritures

Les faux prophètes peuvent interpréter sélectivement les Écritures saintes ou les déformer pour soutenir leurs propres enseignements ou agendas. En présentant une vision biaisée ou déformée des textes sacrés, ils induisent en erreur les croyants et les éloignent de l'interprétation correcte de la vérité.

2. Promesses trompeuses

Les faux prophètes attirent souvent les croyants en leur faisant miroiter des promesses de bénédictions matérielles, de guérisons miraculeuses ou de succès instantané s'ils adhèrent à leurs enseignements. Ces promesses séduisantes détournent l'attention des croyants de la véritable essence de la foi et les égarent sur des chemins trompeurs.

3. Contrôle et manipulation

En exploitant les peurs, les incertitudes et les désirs des croyants, les faux prophètes exercent un contrôle coercitif sur eux, limitant leur capacité à penser de manière critique et à remettre en question leurs enseignements. Cette manipulation émotionnelle et psychologique les éloigne de la liberté spirituelle et de la vérité.

4. Discrédit des autres croyances

Pour renforcer leur propre autorité et légitimité, les faux prophètes peuvent discréditer d'autres traditions spirituelles, leaders religieux ou croyances divergentes. En diabolisant les autres points de vue, ils isolent les croyants et les maintiennent dans un état de conformité aveugle à leur propre enseignement.

5. Exploitation matérielle

Certains faux prophètes utilisent la foi et la générosité des croyants pour les exploiter financièrement, en les incitant à donner de grandes sommes d'argent sous prétexte de bénédictions divines ou de salut. Cette exploitation financière détourne les croyants de l'essence véritable de la spiritualité et les manipule pour des gains personnels.

6. La solitude

Pour renforcer leur emprise sur les croyants, les faux prophètes peuvent encourager l'isolement social en décourageant les interactions avec des personnes extérieures au groupe ou en diabolisant ceux qui remettent en question leur autorité.

Suivre un faux prophète peut entraîner un isolement spirituel, car les croyants peuvent être entraînés dans des groupes ou des enseignements qui les éloignent de la communauté chrétienne saine et édifiante.

Cette isolation empêche les croyants d'accéder à des perspectives différentes et d'évaluer de manière critique les enseignements proposés.

En résumé, les faux prophètes utilisent diverses techniques de manipulation, de distorsion et d'exploitation pour détourner les croyants de la vérité et les maintenir sous leur emprise.

Il est essentiel pour les croyants de cultiver un esprit critique, d'approfondir leur connaissance spirituelle et de rester vigilants face aux signes de manipulation et d'exploitation dans le domaine religieux.

IV.8. Quel est l'impact des faux prophètes sur la crédibilité du message évangélique dans le monde?

Les faux prophètes peuvent avoir un impact significatif et négatif sur la crédibilité du message évangélique dans le monde.

Le terme "évangélique" se réfère aux chrétiens qui mettent un fort accent sur l'évangile dans leur vie personnelle et qui cherchent à partager la bonne nouvelle de Jésus-Christ avec les autres.

Impacts négatifs des faux prophètes sur la crédibilité du message évangélique :

1. Discréditation du message

Les faux prophètes, en déformant ou en exploitant le message évangélique à des fins personnelles, risquent de discréditer la véritable essence de l'évangile et de susciter une méfiance envers les enseignements chrétiens authentiques.

2. Confusion doctrinale

Les faux prophètes propagent souvent des enseignements erronés ou hérétiques qui peuvent semer la confusion parmi les croyants et les non croyants, brouillant ainsi la compréhension du message central de l'évangile.

3. Scandales et mauvaise réputation

Les dérives et les scandales impliquant des faux prophètes peuvent entacher la réputation de l'église et ternir l'image des chrétiens, nuisant à la crédibilité de leur témoignage et de leur message.

4. Perte de confiance

Lorsque les gens sont victimes de manipulations, d'exploitation financière ou de promesses non tenues de la part de faux prophètes, ils peuvent perdre confiance en toute forme de spiritualité, y compris en l'évangile authentique qu'ils associent à ces abus.

Lorsque les fausses prophéties et les fausses promesses des faux prophètes ne se réalisent pas, cela peut conduire à la désillusion et à la perte de foi chez ceux qui les ont suivis.

5. Barrages à l'évangélisation

Les actions nuisibles des faux prophètes peuvent créer des barrières à l'évangélisation en décourageant les personnes intéressées par la foi chrétienne à cause de la méfiance générée par ces escroqueries et manipulations.

6. Division et polarisation

Les enseignements divergents promus par les faux prophètes peuvent conduire à la division au sein de la communauté chrétienne et à la polarisation des croyants autour de points de vue et de pratiques théologiques contradictoires.

Pour atténuer ces effets négatifs des faux prophètes sur la crédibilité du message évangélique, il est capital pour les chrétiens authentiques de rester fidèles aux enseignements bibliques, de cultiver la transparence, l'intégrité et la responsabilité au sein de leurs communautés, et de s'engager dans une proclamation de l'évangile authentique basée sur l'amour, la vérité et la sagesse.

IV.9. Comment les faux prophètes peuvent-ils compromettre la croissance spirituelle et la maturité des croyants ?

Les faux prophètes peuvent compromettre la croissance spirituelle et la maturité des croyants de plusieurs façons.

Voici quelques façons dont ils peuvent influencer négativement la croissance spirituelle et la maturité des croyants :

1. Distorsion des enseignements bibliques

Les faux prophètes présentent souvent des interprétations fausses ou biaisées des Écritures, ce qui peut égarer les croyants et les éloigner de la vérité révélée dans la Bible. Cela peut compromettre gravement la croissance du croyant et l'empêcher d'atteindre la maturité.

2. Création de dépendance

Certains faux prophètes encouragent une dépendance émotionnelle ou financière de la part de leurs disciples, les empêchant ainsi de développer une relation personnelle authentique avec Dieu, élément facilitant la croissance spirituelle, car la croissance spirituelle nous amener à un stade où nous dépendons beaucoup plus de Dieu que les hommes.

3. Égocentrisme et manipulation

Les faux prophètes peuvent promouvoir un leadership manipulateur et égocentrique, détournant l'attention des croyants de Dieu vers eux-mêmes, ce qui entrave le développement d'une relation directe avec le Créateur.

4. Fausse sécurité et complaisance

En offrant de fausses promesses de prospérité, de guérison instantanée ou de protection divine sans engagement réel envers Dieu, les faux prophètes peuvent induire les croyants dans une fausse sécurité et une complaisance spirituelle.

5. Manque de discernement

Les croyants peuvent perdre leur capacité de discernement spirituel en se laissant séduire par les paroles flatteuses ou les enseignements sensationnels des faux prophètes, ce qui peut les rendre vulnérables à la manipulation et à la confusion. Ce qui entrave leurs croissances spirituelles.

6. Détournement des priorités spirituelles

En mettant l'accent sur des pratiques ou des enseignements non essentiels ou déviants, les faux prophètes peuvent détourner l'attention des croyants des véritables priorités spirituelles telles que la prière, l'étude biblique et la communion fraternelle. Pourtant ceux sont des socles même de la croissance spirituelle.

Pour contrer ces influences négatives, il est crucial pour les croyants de cultiver une relation personnelle profonde avec Dieu fondée sur la prière, la méditation de la Bible, la communauté chrétienne authentique, le discernement spirituel, et une connaissance approfondie des Écritures pour pouvoir distinguer la vérité des mensonges et grandir dans la foi de manière solide et équilibrée.

IV.10. 10 Leçons que nous donne Jérémie 23 sur les faux prophètes

De manière particulière nous voulons examiner le chapitre 23 du livre du prophète Jérémie et là nous tirerons dix leçons qui en ressortent. Voici le dix leçons :

1. La première leçon : Les faux prophètes égarent le peuple

Les faux prophètes sont prêts à égarer les gens en leur annonçant des messages qui ne viennent pas de Dieu, les conduisant ainsi dans l'erreur. Le prophète Jérémie écrit : « Ainsi parle l'Éternel des armées : N'écoutez pas les paroles des prophètes qui vous prophétisent ! Ils vous entraînent à des choses de néant ; Ils disent les visions de leur cœur, Et non ce qui vient de la bouche de l'Éternel[61]. »

2. La deuxième leçon : Leur message est basé sur des visions fausses

Leurs visions et leurs songes ne viennent pas de Dieu, mais de leur propre imagination, semant ainsi la confusion parmi le peuple. Jérémie dit : « J'ai entendu ce que disent les prophètes, qui prophétisent avec fausseté au nom de l'Éternel, en disant : J'ai eu un songe ! J'ai eu un songe ! Jusqu'à quand le cœur des prophètes sera-t-il rempli de fausseté, Et leur propre prophétie sera-t-elle dans leur cœur trompeur [62]? »

3. La troisième leçon : Ils propagent des mensonges

Les faux prophètes répandent des mensonges au lieu de délivrer la vérité de Dieu, conduisant ainsi les auditeurs dans l'erreur et l'éloignement de la voie divine. Voici ce

---

[61] Jérémie 23 :16
[62] Jérémie 23 :25-26

que Jérémie souligne : « Voici, dit l'Éternel, je m'en vais contre les prophètes qui ont des songes en les racontant, Et qui les écrivent en les débitant, pour égarer mon peuple par leurs mensonges et par leur fanfaronnade ; Je ne les ai point envoyés, je ne leur ai point donné d'ordre, Et ils ne seront d'aucune utilité à ce peuple, dit l'Éternel[63]. »

4. La quatrième leçon : Ils renforcent les méchants

Les faux prophètes non seulement égarent les justes, mais renforcent également les méchants dans leur voie de péché, prolongeant ainsi leur déchéance morale. A ce sujet, Jérémie dit : « Et dans les prophètes de Jérusalem j'ai vu des choses horribles ; Ils sont adultères, ils marchent dans le mensonge ; Ils fortifient les mains des méchants, Afin qu'aucun ne revienne de sa méchanceté ; Ils me semblent tous comme Sodome, Et les habitants de Gomorrhe comme s'ils n'existaient pas[64]."

5. La cinquième leçon : Ils prêchent pour eux-mêmes

Les faux prophètes agissent de leur propre chef, proclamant des prophéties qui ne proviennent pas de la part de Dieu, mais de leurs propres désirs égoïstes, cherchant gloire et pouvoir pour eux-mêmes au lieu d'honorer Dieu. Le prophète Jérémie, nous éclaire à ces propos en disant : « Je n'ai point envoyé ces prophètes, et ils ont couru ; Je ne leur ai point parlé, et ils ont prophétisé[65]. »

6. La sixième leçon : Leur tromperie est dangereuse

La tromperie des faux prophètes est non seulement un affront à Dieu, mais elle est aussi une source de péril pour ceux qui les écoutent, les conduisant vers une destinée funeste loin de la vérité divine. Sur ce, le prophète Jérémie dit : « Je ne vois que des choses horribles : Ils ont des relations adultères, ils marchent dans le mensonge ; Ils donnent

---

[63] Jérémie 23 :32
[64] Jérémie 23 :14
[65] Jérémie 23 :21

de la force aux méchants, Afin qu'aucun ne revienne de sa méchanceté ; Ils sont tous
à mes yeux comme Sodome, Et les habitants de Gomorrhe comme s'ils n'existaient
pas[66]. »

7. La septième leçon : Leur prophétie est vaine

Les prophéties des faux prophètes sont vaines et inutiles, ne provenant pas de Dieu et
ne conduisant pas les gens vers la véritable voie de la vie. Le prophète attire d'avantage
notre attention écrivant : « …pour égarer mon peuple par leurs mensonges et par leur
fanfaronnade ; Je ne les ai point envoyés, je ne leur ai point donné d'ordre, Et ils ne
seront d'aucune utilité à ce peuple, dit l'Éternel[67]. »

8. La huitième leçon : Leur désobéissance conduit à leur chute

La désobéissance des faux prophètes les conduira à leur propre chute et à leur
destruction, car Dieu ne tolère pas la manipulation de son peuple avec de fausses
doctrines. Ainsi Jérémie dit : « Je vous traiterai selon ce que vos actions méritent, dit
l'Éternel. Je mettrai le feu dans sa forêt, Et il en dévorera tous les alentours[68]. »

9. La neuvième leçon : Ils profanent le nom de Dieu

En propageant des messages qui ne viennent pas de Dieu, les faux prophètes profanent
le nom du Seigneur, attirant ainsi son jugement sur eux et sur ceux qui les suivent, dans
ce cadre le prophète Jérémie écrit : « Et lorsqu'on des prophètes, ou un sacrificateur ou
le peuple dira : Voici quelle est l'oracle de l'Éternel ! Je châtierai cet homme et sa
maison[69]. »

---

[66] Jérémie 23 :13
[67] Jérémie 23 :32b
[68] Jérémie 23 :40
[69] Jérémie 23 :34

10.La dixième leçon : Seul Dieu connaît les intentions du cœur

Dieu connaît les intentions du cœur de chacun, y compris celles des faux prophètes, et aucune action dissimulée n'échappe à sa vue. Cela souligne l'importance de rester fidèle à la vérité et à la véritable parole de Dieu. Le prophète Jérémie écrit : « Quelqu'un se tiendra-t-il dans un lieu caché, sans que je le voie ? dit l'Éternel. Ne suis-je pas celui qui remplit les cieux et la terre ? dit l'Éternel[70]. »

IV.11. Quelles actions l'Église peut-elle entreprendre pour se prémunir contre l'influence des faux prophètes et protéger ses membres contre la tromperie ?

Pour lutter contre l'influence des faux prophètes et protéger ses membres contre la tromperie, l'Église peut mettre en œuvre diverses actions et pratiques.

Voici quelques mesures que les Églises peuvent prendre pour se prémunir contre les faux prophètes :

1. Enseignement solide de la doctrine

Mettre l'accent sur l'enseignement fidèle et solide de la doctrine biblique pour aider les fidèles à discerner la vérité des faux enseignements.

2. Discipolat et formation spirituelle

Investir dans le discipolat et la formation spirituelle des membres de l'Église pour les aider à grandir dans leur foi, à développer leur discernement spirituel et à être enracinés dans la Parole de Dieu.

---

[70] Jérémie 23 :24

3. Encouragement à la recherche personnelle de la vérité

Encourager les fidèles à étudier la Bible par eux-mêmes, à prier régulièrement et à développer une relation personnelle profonde avec Dieu pour renforcer leur fondement spirituel.

4. Leadership strict et responsable

Mettre en place des standards élevés pour le leadership de l'Église, en veillant à ce que les pasteurs et les anciens soient des modèles spirituels exemplaires et en les formant pour discerner et contrer les fausses doctrines.

5. Sensibilisation à la manipulation et aux faux enseignements

Eduquer les membres sur les tactiques de manipulation utilisées par les faux prophètes et les aider à reconnaître les signes d'avertissement pour éviter d'être trompés.

6. Culte centré sur Dieu

Maintenir une adoration centrée sur Dieu et non sur des individus, afin de garder l'attention et la dévotion des croyants focalisées sur le Seigneur et non sur des leaders charismatiques.

7. Examen régulier des enseignements et pratiques

Examiner régulièrement les enseignements et les pratiques de l'Église à la lumière des Écritures pour s'assurer de leur conformité avec la vérité biblique.

8. Dialogue ouvert et transparence

Favoriser un climat de dialogue ouvert et de transparence au sein de l'Église pour permettre aux membres de poser des questions et de discuter ouvertement des enseignements et des pratiques.

En mettant en œuvre ces mesures et en cultivant une culture de vigilance spirituelle et de discernement au sein de l'Église, il est possible de se prémunir contre l'influence des faux prophètes et de protéger les membres contre la tromperie.

CHAPITRE V: RÉPONSE BIBLIQUE AUX FAUX PROPHÈTES

V.1 Quels versets bibliques nous encouragent à rester vigilants contre les faux prophètes?

Dans la Bible, plusieurs versets encouragent les croyants à rester vigilants contre les faux prophètes et les faux enseignements.

Voici quelques versets bibliques qui soulignent l'importance de cette vigilance :

"Gardez-vous des faux prophètes. Ils viennent à vous en vêtements de brebis, mais au-dedans ce sont des loups ravisseurs. Vous les reconnaîtrez à leurs fruits[71]."

"Car il s'élèvera de faux Christs et de faux prophètes; ils feront de grands prodiges et des miracles, au point de séduire, s'il était possible, même les élus[72]."

"Bien-aimés, n'ajoutez pas foi à tout esprit; mais éprouvez les esprits, pour savoir s'ils sont de Dieu, car plusieurs faux prophètes sont venus dans le monde[73]."

"Or, il y a eu parmi le peuple de faux prophètes, et il y aura de même parmi vous de faux docteurs, qui introduiront des sectes pernicieuses et qui, reniant le maître qui les a rachetés, attireront sur eux une ruine soudaine[74]."

"Je sais qu'il s'introduira parmi vous, après mon départ, des loups cruels qui n'épargneront pas le troupeau, et qu'il s'élèvera du milieu de vous-même des hommes qui enseigneront des choses pernicieuses, pour entraîner les disciples après eux[75]."

---

[71] Matthieu 7:15-16
[72] Matthieu 24:24
[73] 1 Jean 4:1
[74] 2 Pierre 2:1
[75] Actes 20:29-30

"Ainsi parle l'Éternel des armées: N'écoutez pas les paroles des prophètes qui vous prophétisent! Ils vous entraînent à des choses de néant ; ils prononcent les oracles de leur cœur, et non ceux de la bouche de l'Éternel[76]."

Ces versets mettent en garde contre les faux enseignants, les faux prophètes et les doctrines trompeuses. Ils exhortent les croyants à être attentifs, à éprouver les esprits et à rester fermes dans la vérité de la Parole de Dieu pour ne pas être séduits par des enseignements contraires à la foi chrétienne.

V.2. Comment Jésus nous a-t-il avertis de la présence des faux prophètes et nous a-t-il instruits sur la manière de les reconnaître?

Jésus a averti ses disciples et tous les croyants de l'existence des faux prophètes et leur a donné des instructions sur la manière de les reconnaître.

Voici quelques-unes des paroles de Jésus concernant les faux prophètes :

1. Jésus nous appelle à une analyse des fruits de ceux qui sont en face de nous pour reconnaitre leur vraie nature

Dans Matthieu, Jésus dit : *"Gardez-vous des faux prophètes. Ils viennent à vous en vêtements de brebis, mais au-dedans ce sont des loups ravisseurs. Vous les reconnaîtrez à leurs fruits. Cueille-t-on des raisins sur des épines, ou des figues sur des chardons [77]?"*

Jésus enseigne que les faux prophètes peuvent être reconnus par leurs actions, leurs fruits.

---

[76] Jérémie 23:16
[77] Matthieu 7:15-20

2. Jésus nous a mis en garde contre le phénomène grandissant des faux prophètes qu'il voyait déjà dans son omniprésence

Dans Matthieu encore, Jésus prévient : "*Si quelqu'un vous dit alors : 'Le Christ est ici', ou 'Il est là', ne le croyez pas. Car il s'élèvera de faux Christs et de faux prophètes ; ils feront de grands prodiges et des miracles, au point de séduire, s'il était possible, même les élus. Voici, je vous l'ai annoncé d'avance[78].*"

Jésus met en garde contre les faux prophètes qui tenteront de séduire même les croyants avec des signes et des miracles.

3. Jésus nous rappelle l'urgence de la pratique de la volonté de Dieu

Dans Matthieu toujours, Jésus dit : "*Je leur dirai alors ouvertement: Je ne vous ai jamais connus, retirez-vous de moi, vous qui commettez l'iniquité[79].*"

Jésus souligne l'importance de la pratique de la volonté du Père pour entrer dans le royaume des cieux et déclare que de nombreux prétendants au jour du jugement seront rejetés même s'ils avaient prophétisé, chassé des démons, et accompli des miracles au nom de Jésus.

4. Jésus compare les faux bergers aux mercenaires et nous invite ainsi à l'attachement du bon berger

Jésus compare les faux bergers à des mercenaires qui ne se soucient pas véritablement des brebis. Il dit : "*Le mercenaire fuit, parce qu'il est mercenaire, et qu'il ne se met pas en peine des brebis[80].*"

---

[78] Matthieu 24:23-25
[79] Matthieu 7:21-23
[80] Jean 10:12-13

Ainsi, Jésus souligne l'importance de reconnaître et de suivre le vrai Berger. En résumé, Jésus nous a avertis des faux prophètes en soulignant l'importance de juger les fruits de leur enseignement, en mettant en garde contre les fausses prétentions de Christ, en exhortant à la pratique de la volonté du Père, et en comparant les faux bergers à des mercenaires. Ces enseignements nous aident à être vigilants et à discerner la vérité des fausses doctrines.

V.3. Quelles sont les tactiques que la Bible recommande pour contrer les enseignements des faux prophètes?

La Bible propose plusieurs tactiques et conseils pour contrer les enseignements des faux prophètes et rester fermes dans la foi.

Voici quelques stratégies bibliques pour reconnaître et contrer les faux prophètes:

1. Examination les actions

Comme mentionné précédemment, Jésus enseigne dans les faux prophètes peuvent être reconnus par leurs fruits. Observer les actions et les conséquences des enseignements d'une personne peut aider à discerner s'ils viennent de Dieu ou non.

2. Étudier la Parole de Dieu

La connaissance de la Bible est essentielle pour pouvoir discerner la vérité des fausses doctrines. En étudiant les Écritures, les croyants peuvent mieux identifier les enseignements qui s'écartent de la vérité biblique.

3. Prier pour la sagesse

Dans Jacques, il est écrit : "*Si quelqu'un d'entre vous manque de sagesse, qu'il la demande à Dieu, qui donne à tous simplement et sans reproche, et elle lui sera donnée[81].*" La prière pour la sagesse et le discernement est vitale pour reconnaître les faux enseignements.

4. Être vigilant

Jésus encourage ses disciples à être vigilants et à ne pas se laisser séduire par les faux prophètes. Être conscient des avertissements de la Bible concernant les faux enseignements est nécessaire pour protéger sa foi.

5. Se tourner vers les leaderships spirituels fiables

Avoir des pasteurs, des mentors, ou des leaders spirituels solides et fondés sur la Parole de Dieu peut être d'une grande aide pour discerner les enseignements erronés et recevoir des conseils spirituels avisés.

6. Tester les esprits

Dans la première épitre de Jean, il est écrit : "*Bien-aimés, n'ajoutez pas foi à tout esprit; mais éprouvez les esprits, pour savoir s'ils sont de Dieu, car plusieurs faux prophètes sont venus dans le monde[82].*" Les croyants doivent tester les esprits pour s'assurer qu'ils proviennent de Dieu.

---

[81] Jacques 1:5
[82] 1 Jean 4:1

En suivant ces principes bibliques et en restant enracinés dans la foi, les croyants peuvent mieux contrer les enseignements des faux prophètes et rester fidèles à la vérité de Dieu.

V.4. Quel est le rôle de la prière dans la protection contre la tromperie des faux prophètes?

La prière joue un rôle crucial dans la protection contre la tromperie des faux prophètes. Voici comment la prière peut être un outil puissant pour aider les croyants à rester fermes dans leur foi et à discerner la vérité des fausses doctrines :

1. Energie de la sagesse

Lorsque les croyants prient, ils peuvent demander à Dieu de leur accorder la sagesse nécessaire pour reconnaître les faux enseignements et les faux prophètes. La sagesse divine peut éclairer l'esprit des croyants et les aider à discerner la vérité.

2. Guidance du Saint-Esprit

En priant, les croyants invoquent le Saint-Esprit pour les guider dans leur compréhension des Écritures et pour les protéger contre les faux enseignements. Le Saint-Esprit est considéré comme le conseiller divin qui peut révéler la vérité aux croyants.

3. Protection spirituelle

La prière peut servir de rempart spirituel contre les influences néfastes des faux prophètes. En priant pour la protection de Dieu, les croyants peuvent être fortifiés contre la tromperie et les attaques spirituelles.

4. Renforcement de la foi

La prière régulière renforce la foi des croyants et les aide à demeurer fermes dans la vérité de l'Évangile. En s'approchant de Dieu dans la prière, les croyants renforcent leur relation avec lui et s'enracinent davantage dans sa parole.

5. Discernement des esprits

En priant, les croyants peuvent demander à Dieu de leur accorder la capacité de discerner les esprits, y compris ceux des faux prophètes. La prière les aide à être attentifs aux signes de tromperie et à rester vigilants.

6. Communion avec Dieu

La prière est un moyen pour les croyants de se connecter avec Dieu de manière permanente, de se soumettre à sa volonté et d'écouter sa voix. Cette intimité avec Dieu renforce la relation personnelle des croyants avec lui et les aide à rester ancrés dans la vérité.

En conclusion, la prière est un puissant outil spirituel pour aider les croyants à être protégés contre la tromperie des faux prophètes. En restant en communion constante avec Dieu, en demandant sagesse, discernement et protection, les croyants peuvent être fortifiés dans leur foi et résister aux faux enseignements.

V.5. Comment l'enseignement apostolique peut-il nous guider dans la confrontation avec les faux prophètes?

L'enseignement apostolique joue un rôle fondamental dans la confrontation des faux prophètes. Les écrits des apôtres, tels que ceux contenus dans le Nouveau Testament, fournissent des directives claires et des principes solides pour aider les croyants à discerner et à faire face aux faux enseignements et aux faux prophètes.

Voici comment l'enseignement apostolique peut nous guider dans cette confrontation :

1. Fondation scripturaire.

Les enseignements des apôtres sont enracinés dans les Écritures et transmettent la doctrine authentique de Jésus-Christ. En se basant sur ces fondements bibliques solides, les croyants peuvent comparer les enseignements des faux prophètes avec l'enseignement apostolique pour discerner la vérité.

2. Discernement des faux enseignements.

Les apôtres mettent en garde contre les faux enseignements et les faux prophètes dans leurs écrits. En comprenant et en appliquant les avertissements et les enseignements des apôtres, les croyants peuvent reconnaître les signes de l'erreur doctrinale et de la fausse prophétie.

3. Normes éthiques et morales

Les enseignements des apôtres établissent des normes éthiques et morales élevées pour la vie chrétienne. En suivant ces normes, les croyants peuvent discerner les faux prophètes dont les actions et les enseignements contredisent les principes bibliques fondamentaux.

4. Appel à la fidélité à l'Évangile

Les apôtres exhortent les croyants à rester fidèles à l'Évangile et à ne pas se détourner de la vérité. Leur enseignement encourage la persévérance dans la foi et fournit des repères clairs pour identifier et rejeter les faux prophètes.

5. Autorité apostolique

Les écrits des apôtres portent une autorité spéciale en tant que témoins oculaires de Jésus-Christ et détenteurs de son enseignement. En s'alignant sur l'autorité apostolique, les croyants peuvent être guidés dans leur discernement et leur confrontation avec les faux prophètes.

6. Communauté de foi

Les enseignements apostoliques encouragent la communion et l'unité au sein de la communauté des croyants. En se rassemblant autour de l'enseignement des apôtres, les croyants peuvent se soutenir mutuellement dans la lutte contre la tromperie des faux prophètes.

En conclusion, l'enseignement apostolique constitue un guide essentiel pour les croyants dans la confrontation avec les faux prophètes. En s'appuyant sur la sagesse et la vérité transmises par les apôtres, les croyants peuvent renforcer leur discernement, rester fidèles à l'Évangile et résister aux fausses doctrines et aux faux enseignements.

V.6. Quelles sont les qualités chrétiennes nécessaires pour résister aux faux enseignements des prophètes frauduleux?

Résister aux faux enseignements des prophètes frauduleux exige un solide fondement spirituel et une compréhension approfondie de la foi chrétienne.

Voici quelques-unes des qualités chrétiennes essentielles qui peuvent aider les croyants à résister aux faux enseignements des prophètes frauduleux :

1. Connaissance des Écritures.

Une connaissance approfondie de la Bible est essentielle pour discerner la vérité des faux enseignements. Étudier les Écritures permet aux croyants de distinguer les doctrines authentiques de celles qui sont en contradiction avec la Parole de Dieu.

2. Discernement spirituel

Le discernement spirituel est la capacité donnée par l'Esprit Saint de distinguer entre le bien et le mal, la vérité et l'erreur. En priant pour la sagesse et la guidance de l'Esprit, les croyants peuvent reconnaître les fausses doctrines et les prophètes frauduleux.

3. Foi ferme en Jésus-Christ

Une foi solide en Jésus-Christ comme Seigneur et Sauveur est essentielle pour résister aux faux enseignements. En ayant confiance en la personne de Jésus et en son enseignement, les croyants sont mieux équipés pour rejeter les fausses doctrines qui contredisent la vérité chrétienne.

4. Humilité

L'humilité est une qualité clé pour reconnaître nos propres limites et dépendre de Dieu pour la sagesse et la direction. En restant humble et ouvert à l'instruction de l'Esprit, les croyants peuvent éviter l'orgueil qui les expose aux manipulations des faux prophètes.

5. Vigilance

Être vigilant et attentif aux enseignements auxquels on est exposé est capital pour résister aux faux prophètes. En examinant attentivement ce qui est enseigné à la lumière des Écritures et en posant des questions lorsque quelque chose semble douteux, les croyants peuvent éviter d'être induits en erreur.

6. Communauté chrétienne

S'engager dans une communauté chrétienne solide peut offrir un soutien, une responsabilité et une correction fraternelle précieux pour résister aux faux enseignements. En partageant les préoccupations et en se confrontant mutuellement à la lumière de la Parole de Dieu, les croyants sont mieux armés pour discerner la vérité.

7. Amour de la vérité

Avoir un profond amour pour la vérité de Dieu est une qualité fondamentale pour résister aux faux enseignements. En désirant ardemment connaître la vérité et en s'attachant à elle, les croyants sont moins enclins à être séduits par des doctrines trompeuses.

En cultivant ces qualités chrétiennes et en s'appuyant sur la grâce de Dieu, les croyants peuvent être mieux préparés à résister aux faux enseignements des prophètes frauduleux et à rester fermes dans la foi chrétienne authentique.

V.7. Quel modèle biblique nous montre comment répondre avec amour et vérité aux faux prophètes sans compromettre notre foi?

Un modèle biblique qui illustre comment répondre avec amour et vérité aux faux prophètes sans compromettre sa foi est celui de l'apôtre Paul confrontant les faux enseignements et les faux prophètes dans ses lettres aux différentes Églises.

Un exemple particulièrement notable se trouve dans sa lettre aux Galates. Dans l'épître aux Galates, Paul adresse la confusion semée par de faux enseignants qui enseignaient un faux évangile, contestant ainsi la vraie nature de l'œuvre salvatrice accomplie par Jésus-Christ.

Ces faux enseignants prêchaient une forme de légalisme en ajoutant des œuvres à la foi en Christ pour obtenir le salut, ce qui contredisait l'enseignement de l'apôtre Paul sur le salut par la grâce par la foi seule.

Voici quelques principes que l'on peut tirer de l'approche de Paul dans l'épître aux Galates pour répondre aux faux prophètes avec amour et vérité sans compromettre sa foi :
1. Clarté dans l'enseignement de la vérité.

Paul s'efforce de clarifier la vérité de l'Évangile en soulignant que le salut est un don de grâce reçu par la foi en Jésus-Christ, et non par les œuvres de la loi. Il expose avec précision ce qu'est l'Évangile réel, offrant ainsi une base solide pour contraster avec les enseignements faux et déviants.

2. Amour et compassion

Bien que Paul condamne fermement l'enseignement des faux prophètes, son approche est également empreinte d'amour et de compassion. Il montre de l'affection pour les membres de l'Église et exprime son désir ardent qu'ils demeurent fidèles à la vérité de l'Évangile.

3. Fermeté dans la correction

Paul ne mâche pas ses mots quand il s'agit de corriger les faux enseignements. Il souligne clairement les conséquences de suivre un faux évangile et met en garde contre les conséquences de l'erreur. Sa fermeté dans la vérité est un exemple pour les croyants confrontés à des faux prophètes.

4. Défense de l'autorité apostolique

Paul soutient son autorité apostolique comme fondée sur sa rencontre personnelle avec Jésus-Christ et sur la révélation directe de l'Évangile qu'il a reçue. En affirmant son autorité en Christ, Paul renforce sa position pour réfuter les enseignements erronés des faux prophètes.

En suivant le modèle de l'apôtre Paul dans son approche équilibrée mêlant clarté, amour, fermeté et défense de l'autorité biblique, les croyants peuvent répondre aux faux prophètes avec sagesse, discernement et grâce, tout en restant fermes dans la vérité de l'Évangile.

V.8. En quoi la connaissance approfondie de la Parole de Dieu est-elle essentielle pour lutter contre la séduction des faux prophètes?

La connaissance approfondie de la Parole de Dieu est essentielle pour lutter contre la séduction des faux prophètes pour plusieurs raisons.

Voici quelques points clés qui mettent en lumière l'importance de cette connaissance biblique dans la lutte contre les enseignements erronés :

1. Discernement spirituel

La connaissance approfondie de la Parole de Dieu permet aux croyants de développer un discernement spirituel aiguisé. En comprenant les vérités fondamentales de la Bible et en étant familiers avec l'enseignement de Jésus et des apôtres, les croyants peuvent discerner plus facilement ce qui est conforme à la doctrine biblique et repérer ce qui est en contradiction avec elle.

2. Prévention de l'égarement

Les faux prophètes utilisent souvent des demi-vérités et des interprétations erronées des Écritures pour égarer les croyants. En connaissant profondément la Parole de Dieu, les croyants sont mieux équipés pour identifier et corréler les enseignements fallacieux, évitant ainsi d'être entraînés loin de la vérité.

3. Renforcement de la foi

La connaissance approfondie de la Parole de Dieu renforce la foi des croyants en leur fournissant une base solide et inébranlable. En comprenant les principes et les promesses bibliques, les croyants sont moins susceptibles d'être influencés par des enseignements qui contredisent la vérité révélée dans les Écritures.

4. Capacité à défendre sa foi

Une connaissance approfondie de la Parole de Dieu permet aux croyants non seulement de reconnaître les faux enseignements, mais aussi de les réfuter avec justesse.

En comprenant les Écritures et en les appliquant correctement, les croyants peuvent défendre leur foi contre les attaques des faux prophètes et des doctrines erronées.

5. Édification spirituelle

La Parole de Dieu nourrit l'âme, enseigne, reprend, corrige et forme les croyants pour accomplir les bonnes œuvres[83].

Une connaissance approfondie de la Bible ne protège pas seulement contre les faux enseignements, mais elle édifie également et fortifie spirituellement les croyants pour vivre une vie conforme à la volonté de Dieu.

En conclusion, la connaissance approfondie de la Parole de Dieu est un rempart efficace contre la séduction des faux prophètes, fournissant discernement, prévention de l'égarement, renforcement de la foi, capacité de défendre sa foi et édification spirituelle.

Il est donc essentiel pour les croyants de s'engager dans une étude régulière et approfondie de la Bible pour rester fermes dans la vérité et éviter d'être influencés par les enseignements erronés.

---

[83] 2 Timothée 3:16-17

V.9 Comment l'Église peut-elle se fortifier spirituellement pour faire face efficacement aux défis posés par les faux prophètes?

Pour que l'Église se fortifie spirituellement et fasse face efficacement aux défis posés par les faux prophètes, elle peut mettre en œuvre plusieurs stratégies et pratiques.

Voici quelques moyens par lesquels l'Église peut renforcer sa résilience spirituelle et sa capacité à discerner et contrer les faux enseignements :

1. Enseignement solide de la Parole de Dieu

Encourager l'étude régulière et approfondie de la Bible à tous les niveaux de l'Église. Aussi, fournir des enseignements solides et bibliques lors des cultes, des groupes de maison et d'autres occasions d'enseignement.

2. Formation des leaders

Former les pasteurs, les anciens et les leaders de l'Église pour qu'ils soient capables de discerner les faux enseignements et de les contrer. Encourager aussi la formation théologique continue pour approfondir la compréhension de la Parole de Dieu.

3. Discernement spirituel

Encourager les membres de l'Église à développer un discernement spirituel en se concentrant sur la prière, la méditation biblique et la communion avec Dieu. Et mettre en place des groupes des croyants pour discerner   ensemble les enseignements et les prophéties.

4. Développement d'une communauté chrétienne solide

Encourager la communauté, la fraternité et la mutualité parmi les membres de l'Église pour se soutenir mutuellement dans la foi et la vérité. Créer un environnement où les membres peuvent poser des questions, exprimer des doutes et discuter ouvertement de la Parole de Dieu.

5. Formation à l'apologétique

Enseigner aux membres de l'Église les principes de base de l'apologétique pour qu'ils soient capables de défendre leur foi de manière rationnelle et logique. Organiser des sessions de formation sur la manière de répondre aux arguments des faux prophètes et des enseignements erronés.

6. Vie communautaire centrée sur la prière

Mettre l'accent sur la prière communautaire pour chercher la direction de Dieu, demander la sagesse pour discerner les esprits et renforcer l'unité de l'Église. Organiser des veillées de prière spécifiquement dédiées aux défis spirituels auxquels l'Église est confrontée.

7. Accompagnement pastoral

Offrir un accompagnement pastoral attentif et solidaire pour les membres de l'Église qui pourraient être influencés par des faux enseignements. Mettre en place un système de soutien et de mentorat pour ceux qui sont en quête de réponses ou qui ont des préoccupations spirituelles.

En combinant ces approches, l'Église peut renforcer sa base spirituelle, cultiver un esprit de discernement et se préparer à faire face efficacement aux défis posés par les faux prophètes. L'unité dans la vérité, la prière constante, l'étude profonde de la Parole de Dieu et une communauté engagée sont des piliers essentiels pour fortifier spirituellement l'Église et l'aider à rester ferme dans la foi.

V.9 Quelle perspective la Bible offre-t-elle pour nous encourager dans la lutte contre les faux prophètes et maintenir une foi solide et inébranlable en Dieu?

La Bible offre de nombreuses perspectives et encouragements pour nous aider dans la lutte contre les faux prophètes et pour maintenir une foi solide et inébranlable en Dieu. Voici quelques points clés tirés de l'Écriture qui nous inspirent et nous fortifient dans ces domaines :

1. La Parole de Dieu comme fondement.

Dans Psaumes, il est écrit : "*Ta parole est une lampe à mes pieds, et une lumière sur mon sentier[84].*" La Bible est notre guide infaillible. En la méditant et en la mettant en pratique, nous sommes mieux équipés pour discerner la vérité des faux enseignements.

2. Discernement spirituel.

Jean dans sa première épitre s'adresse à ces dentinaires: "*Bien-aimés, n`ajoutez pas foi à tout esprit; mais éprouvez les esprits, pour savoir s`ils sont de Dieu, car plusieurs faux prophètes sont venus dans le monde[85].*" Dieu nous appelle à exercer un discernement spirituel pour distinguer les enseignements vrais des faux.

---

[84] Psaume 119:105
[85] 1 Jean 4:1

3. Confiance en Dieu, pas en l'homme.

Le prophète Jérémie écrit : "*Ainsi parle l'Éternel: Maudit soit l'homme qui se confie dans l'homme, qui prend la chair pour son appui, et qui détourne son cœur de l'Éternel![86]*" Notre confiance doit être en Dieu, et non en l'homme ou en ses enseignements.

4. La prière comme relation avec Dieu

Paul écrit aux Philippiens ce qui suit : "*Ne vous inquiétez de rien; mais en toute chose faites connaître vos besoins à Dieu par des prières et des supplications, avec des actions de grâces. Et la paix de Dieu, qui surpasse toute intelligence, gardera vos cœurs et vos pensées en Jésus-Christ.[87]*" Par la prière, nous entretenons une relation intime avec Dieu, qui nous donne la paix et la sagesse pour discerner les mensonges.

5. La résistance aux faux enseignements.

Dans l'épitre aux Ephésiens, Paul exhorte les croyant à ces termes: "*Revêtez-vous de toute l'armure de Dieu, afin de pouvoir tenir ferme contre les ruses du diable[88]*." En revêtant l'armure spirituelle de Dieu, nous sommes capables de résister aux tromperies du diable et de rester fermes dans la foi.

6. La persévérance et la foi

Aux Hébreux, il est dit : "*Retenons fermement la profession de notre espérance, car celui qui a fait la promesse est fidèle[89]*." Nous sommes appelés à persévérer dans

---

[86] Jérémie 17:5
[87] Philippiens 4:6-7
[88] Éphésiens 6:11
[89] Hébreux 10:23

l'espérance et à avoir foi en la fidélité de Dieu, même au milieu des défis posés par les faux prophètes.

En suivant ces enseignements et en nous appuyant sur la Parole de Dieu, la prière, le discernement spirituel et la protection divine, nous pouvons lutter contre les faux prophètes et maintenir une foi solide et inébranlable en Dieu.

La Bible nous offre non seulement des encouragements mais aussi des outils et des principes pour rester ancrés dans la vérité et la fidélité de Dieu.

APPENDICE : QUELQUES EXEMPLES DES INDIVIDUS, FAMILLES ET COMMUNAUTES ROULES PAR LES FAUX PROPHETES

1. Un faux prophète démasqué par une pauvre veuve

Une dame chrétienne, veuve depuis quatre ans, est invitée par son amie, également chrétienne, à consulter le prophète qu'elle connaît. Cette dernière pense qu'une séance de prière et de prophétie pourrait apporter du réconfort à son amie. Les deux femmes se rendent chez le prophète, qui les accueille chaleureusement. Après les salutations, une séance de prière débute.

Peu après, le prophète se tourne vers l'invitée et délivre une prophétie surprenante : « Je vois ton mari au travail en train d'embrasser sa secrétaire. Dieu me dit de te dire qu'il va transformer ton mari en un homme très fidèle à toi. Soumets-toi aux instructions de mon prophète. Apporte-lui une offrande de 1000 $ et tu verras la gloire de Dieu. »

Sur le chemin du retour, l'amie demande à son invitée ce qu'elle pense de cette consultation prophétique. L'invitée commence à pleurer et répond avec émotion : « Je suis profondément déçue, car tu sais bien que je suis veuve depuis quatre ans. Pour moi, ce prophète est un faux prophète, car ce qu'il a dit au sujet de mon mari est totalement faux. » Sa tristesse témoigne de son désarroi face à une promesse qui ne pouvait pas s'appliquer à sa réalité.

2. La femme manipulée par le faux prophète sacrifie l'avenir de sa famille.

Un homme part en voyage à l'étranger, laissant à sa femme une somme de 7 500 $ pour un projet d'achat d'un terrain. Pendant son absence, elle décide de participer à une réunion de prière sur l'une des collines de Kinshasa, dirigée par un prophète réputé.

Au milieu de la réunion, le prophète déclare : « Je vois trois personnes qui ont de l'argent chez elles, avec des montants dépassant 500 $. Je les invite à me voir après la réunion. » À la fin de celle-ci, deux personnes se présentent, un homme et une femme. Le prophète les reçoit l'un après l'autre.

Lorsque c'est au tour de la dame, le prophète lui demande combien d'argent elle a chez elle. Elle répond : « J'ai 7 500 $ pour le projet d'achat d'un terrain, en dehors de ce qui est nécessaire pour la vie de tous les jours. » Le prophète lui dit alors : « Dieu me dit de te demander de donner cet argent par moi. Il va te surprendre par un miracle en te donnant quatre terrains, dont un au bord du fleuve. Demain, tu m'apportes cet argent. Sois discrète et n'en parle à personne, et tu verras la gloire de Dieu. »

La femme, convaincue, s'en va et revient le lendemain avec l'argent demandé. Le prophète lui fixe un rendez-vous pour un moment de prières intenses après quatre jours. Cependant, lorsqu'elle se présente au rendez-vous, le prophète est introuvable. Depuis lors, cela fait maintenant six mois qu'elle ne l'a pas revu. Elle réalise alors qu'elle a été victime d'un faux prophète.

3. Samuel, un faux prophète éloquent et la veuve vulnérable

Bien sûr, voici une anecdote mettant en scène un faux prophète :
Dans une petite ville, un homme charismatique nommé Samuel arrive en prétendant avoir des dons prophétiques puissants. Très vite, il attire une foule de fidèles qui sont impressionnés par ses discours captivants et ses promesses miraculeuses. Samuel se déclare envoyé par Dieu pour guider les âmes en détresse et aider ceux qui cherchent des réponses.

Un jour, lors d'une réunion, Samuel annonce qu'il a reçu une révélation : « Il y a parmi vous une personne qui va recevoir une immense fortune, mais cela dépend d'un acte de foi. Pour débloquer cette bénédiction, il faut faire une offrande d'un montant conséquent. » Des murmures d'excitation traversent l'assemblée. Les fidèles, convaincus par son charisme et sa manière de parler, commencent à sortir de l'argent de leurs poches pour lui donner.

Une femme, récemment veuve et ayant du mal à joindre les deux bouts, est particulièrement touchée par ses paroles. Samuel remarque son émotion et lui dit : « Je sens que la bénédiction de Dieu est sur toi. Si tu me donnes tout ce que tu as, je prophétise que dans les trois jours, un miracle se produira dans ta vie. »

Confiant, elle lui remet les derniers 2 000 $ qui lui restaient. Samuel lui sourit et lui promet qu'elle verra bientôt la gloire de Dieu. La femme quitte la réunion pleine d'espoir, mais les jours passent et rien ne se produit. Elle essaie de revenir auprès de Samuel, mais celui-ci est toujours occupé avec de nouveaux adeptes, et elle n'arrivera pas à le voir.

Finalement, désespérée, elle découvre que Samuel a quitté la ville sans laisser de traces, emportant avec lui l'argent de tant de personnes. Elle réalise alors qu'elle a été manipulée par un faux prophète, qui a exploité sa vulnérabilité.

Cette expérience lui apprend une leçon précieuse sur la prudence et la foi. Bien que blessée, elle commence à reconstruire sa vie, cherchant un soutien véritable auprès de personnes sincères et de sa communauté, choisissant désormais d'analyser les enseignements avec discernement.

Cette anecdote illustre la façon dont un faux prophète peut exploiter des personnes vulnérables et les conséquences qui en découlent.

4. L'impact néfaste causé par le faux prophète David au sein d'un petit village

Dans un village paisible, un homme nommé David se présente comme un guérisseur et un prophète. Il prétend avoir le pouvoir de guérir toutes les maladies et de résoudre les problèmes financiers par la prière et la foi. Rapidement, il commence à attirer l'attention des villageois, en réalisant des « miracles » comme soigner les douleurs et effectuer des prêches enflammés. Les gens sont fascinés par sa personnalité charismatique et ses promesses de bonheur.

Un jour, une jeune femme nommée Clara, dont le mari a perdu son emploi et dont la famille peine à joindre les deux bouts, se rend à une de ses réunions. David annonce alors qu'il a reçu une vision de Dieu qui lui indiquait qu'une personne dans l'assemblée va connaître un grand changement dans sa situation financière. Il demande ensuite aux personnes dans le besoin de s'avancer. Clara, désespérée, s'avance, croyant fermement qu'elle pourrait être celle que Dieu va bénir.

David lui demande de faire un acte de foi : elle doit donner tous les économies qu'elle a pour montrer sa confiance en Dieu. Émue, Clara hésite, mais la promesse d'une guérison de sa situation la pousse à lui remettre 1 500 $. David lui assure que cette offrande sera multipliée et qu'elle recevra bientôt une somme bien plus importante.

Les jours passent, puis les semaines, et rien ne change pour Clara. Au contraire, elle se retrouve dans une situation encore plus précaire, ayant vidé ses économies. Désemparée, elle retourne voir David, mais il n'est plus là. À sa place, elle trouve un groupe de villageois, tout aussi déçus, qui lui avouent avoir été victimes du même homme.

En enquêtant, Clara découvre que David était un escroc qui se déplaçait de village en village, exploitant la foi et l'espoir des gens vulnérables avant de disparaître avec leur argent. Avec l'aide de ses amis et de la communauté, Clara commence à reconstruire sa vie, mais elle garde en mémoire cette leçon : la foi ne peut pas être utilisée comme une monnaie d'échange pour des promesses illusoires.

Cette expérience rapproche les villageois et les incite à se soutenir mutuellement, renforçant ainsi leur communauté tout en devenant plus vigilants face aux promesses trop belles pour être vraies.

Cette anecdote souligne l'impact dévastateur que peuvent avoir les faux prophètes sur les individus et les communautés, tout en mettant en évidence la force de la solidarité et du discernement.

5. Un rituel de foi anti-biblique imposée par un faux prophète de renom

Dans un petit village où la spiritualité et les croyances populaires prenaient une grande place, un serviteur avait réussi à se forger une réputation incroyable : il était considéré comme un grand prophète. Mais ce qui le distinguait vraiment n'était pas seulement ses soi-disant dons spirituels ou ses visions extérieures, mais une habitude pour le moins peu conventionnelle : il révélait publiquement la couleur des sous-vêtements de 2 ou 3 personnes présentes dans l'assemblée.

Chaque dimanche, les fidèles se rassemblaient dans la grande salle de prière, l'excitation palpable dans l'air. Lorsque ce prophète prenait la parole, un silence respectueux s'installait. Les membres de l'assemblée s'accrochaient à chaque mot, captivés par ses dons. Puis, avec un sourire malicieux, il pointait du doigt un membre de l'assemblée et déclarait avec une assurance déconcertante : « Vous, madame, vous portez du rouge aujourd'hui ! Et vous, monsieur, c'est du bleu ! »

Les personnes désignées, bien que prises de court, confirmaient souvent les révélations. Les rires et les murmures d'amusement parcouraient la salle, tandis que certains applaudissaient même cette démonstration de « pouvoir prophétique ». Cela créait un effet de surprise et renforçait la réputation du serviteur, qui était désormais un héros charismatique aux yeux des fidèles.

Cette anecdote soulève plusieurs interrogations sur la nature de la foi et de la spiritualité. D'un côté, le prophète captivait les foules, utilisant un flair pour le spectacle qui, malgré sa légèreté, parlait de la fascination que l'humain a pour le mystère. D'un autre côté, cela pose la question de la profondeur réelle des révélations : la spiritualité peut-elle vraiment être réduite à des éléments aussi triviaux que la couleur des sous-vêtements ?

Avec le temps, la réputation de cet homme se transforma en un phénomène de foi populaire. Les gens affluaient vers ses discours, non seulement pour entendre ses révélations encore plus étonnantes, mais aussi pour vivre l'excitation de l'inconnu, de cette capacité à être vu et reconnu par un « prophète ».

Cela entraîna un phénomène de compétitions spirituelles, où chacun souhaitait voir si le serviteur pourrait, un jour, deviner leur couleur. Pour certains, cela devenait un rituel de foi, une manière de se rapprocher d'une expérience divine, même si cette expérience reposait sur des révélations futiles.

Il est remarquable de constater comment des éléments de divertissement peuvent se fondre dans la pratique religieuse, transformant une simple assemblée en un spectacle où l'absurde côtoie le sacré. Cela soulève une réflexion sur la nature même de la foi et sur les raisons pour lesquelles les individus se rassemblent dans un cadre religieux :

cherchent-ils une connexion spirituelle authentique ou sont-ils attirés par un charisme évident, même s'il repose sur des bases peu solides ?

Ainsi, le prophète devint une sorte de symbole vivant de la complexité de la foi humaine, oscillant entre le sérieux et le ridicule, mais toujours capable de rassembler et d'élever les esprits de ceux qui cherchaient une goutte de mystère dans leur quotidien.

6. Les prophéties non accomplies du prophète Serge et la remise en questions de celles-ci par l'assemblée.

Dans une assemblée animée, un prophète connu sous le nom de Prophète Serge se tenait devant les fidèles, prêt à délivrer des révélations spectaculaires. Avec un air solennel et une voix pleine d'autorité, il demanda à trois personnes de se lever : Alphonse, Bernadette et Célestin. La salle est enveloppée d'une atmosphère d'anticipation, les cœurs battant à l'unisson.

Prophète Serge s'adressa alors à Alphonse, annonçant avec assurance : « Dans huit mois, tu seras nommé directeur de l'entreprise où tu travailles. » Un murmure d'émerveillement émana de l'assemblée, et des applaudissements enthousiastes accueillirent cette prophétie.

Puis, se tournant vers Bernadette, toujours célibataire, il affirma avec conviction : « Tu deviendras l'épouse d'un grand homme d'affaires. » Des cris de joie éclatèrent, certains de ses proches la félicitant imaginant déjà le mariage et succès à venir.

Enfin, pour Célestin, Prophète Serge prédit qu'il voyagerait aux États-Unis. L'assemblée éclata en acclamations, chacun partageant l'excitation pour les promesses d'avenir.

Cependant, le temps passa. Huit mois, puis neuf mois, et finalement treize mois s'écoulèrent sans que l'ombre d'un seul des événements annoncés ne se réalise. Alphonse n'obtint aucune promotion, Bernadette resta célibataire, et Célestin n'eut aucune occasion de traverser l'océan vers les États-Unis.

Les murmures d'inquiétude commencèrent à se faire entendre parmi les fidèles. Les promesses du Prophète Serge, qui avaient été accueillies avec tant de joie, s'étaient évaporées dans l'air. Doucement, la question se posa dans l'esprit des membres de l'assemblée : le Prophète Serge était-il un véritable prophète ?

Cette situation soulevait des réflexions profondes sur la nature de la prophétie, la foi et les attentes humaines. Dans un monde où les mots peuvent élever ou décevoir, il devenait crucial de distinguer entre la promesse d'un avenir radieux et la réalité des épreuves de la vie. Quel que soit le chemin que prenait Serge, il fallait maintenant se demander si ses révélations étaient des vérités divines, des illusions jubilatoires, ou simplement le fruit d'un charisme démesuré.

7. Une tragédie en lieu et place d'un accomplissement d'une prophétie glorieuse

Dans une petite ville où la politique était un sujet de conversation brûlant, un célèbre prophète du nom de Monsieur Eloi fit une apparition lors d'un rassemblement public. Saisissant l'opportunité de captiver son auditoire, il se mit à déclamer des prédictions éclatantes, remplissant l'air d'enthousiasme et d'espoir.

« Écoutez bien, » commença-t-il, sa voix résonnant comme un écho puissant, « un grand changement se profile à l'horizon ! Dans les mois à venir, je prophétise que le très respecté maire de notre ville, Monsieur NGANGULA, sera nommé ministre dans le nouveau gouvernement. Ce sera un tournant majeur pour notre région ! »

Les applaudissements fusèrent, et les partisans du maire n'hésitèrent pas à exprimer leur joie. Pour eux, cette prophétie signifiait non seulement l'ascension de l'un des leurs, mais aussi la promesse de jours meilleurs à venir.

Hélas, alors que la ville se préparait à célébrer cette promesse d'avenir radieux, le destin en décida autrement. À peine quelques jours plus tard, un tragique accident survint. En rentrant d'une réunion, Monsieur NGANGULA fut impliqué dans une collision mortelle sur la route. La nouvelle se répandit comme une traînée de poudre, plongeant la communauté dans le choc et le chagrin.

Les promesses du prophète se mirent à résonner dans les esprits, teintées d'amertume. L'ascension politique tant attendue ne fut jamais réalisée ; au lieu de cela, la ville pleura la perte de son maire, un homme de cœur respecté et aimé de tous.

Les fidèles qui avaient écouté Monsieur Eloi avec ferveur commencèrent à remettre en question la légitimité de ses prophéties. Comment un homme qui prétendait avoir un lien avec le divin pouvait-il annoncer une telle destinée, pour ensuite voir disparaître son élu dans une tragédie inexplicable ?

Ainsi, le souvenir de la prophétie de Monsieur Eloi demeura gravé dans les mémoires, mais non comme un signe d'espoir. Au contraire, elle devint un récit tragique sur les illusions et les incertitudes du futur, rappelant à tous que même les paroles les plus éloquentes peuvent être écrasées par la cruauté du destin.

8. La déception du couple Sophie et Lucas provoquée par une fausse prophétie.

Dans une petite ville rurale, un jeune couple, Sophie et Lucas, faisait face à une épreuve qui pesait lourdement sur leur vie : les difficultés de fécondité. Malgré plusieurs années de tentatives, leur rêve d'avoir un enfant semblait de plus en plus lointain. Ils passaient leurs journées à jongler entre l'espoir et le désespoir, se demandant si un jour ils pourraient devenir parents.

Un jour, lors d'une réunion de prière animée par un prophète reconnu dans la région, l'homme spirituel se tourna vers Sophie et Lucas. Avec une assurance troublante, il déclara : « L'année prochaine, à cette même date, vous aurez un beau bébé garçon. » Les mots résonnèrent comme une promesse divine, et bien que surpris, Sophie et Lucas furent envahis par un mélange d'espoir et de scepticisme. Était-ce vraiment une révélation de Dieu, ou simplement un message plein de bonnes intentions ?

Au fil des mois, le couple embrassa cette promesse. Ils prièrent intensément, assistèrent à des séances de méditation et demandèrent des prières d'intercession à leur église. Ils fleurirent leur vie de couple avec des rituels et des gestes symboliques, convaincus que leur foi et les prières de la communauté finiraient par porter leurs fruits. La veille de la date fatidique, une part d'eux espérait ardemment que le miracle allait finalement se produire.

Cependant, l'année suivante, lorsqu'ils se trouvèrent à la même date, la réalité les frappa comme un coup de marteau : leur enfant tant attendu n'était toujours pas là. La déception pesait lourdement sur leurs cœurs. Sophie et Lucas se mirent à remettre en question leurs choix et la promesse faite par le prophète. Les murmures du doute commençaient à résonner dans leur esprit : « Avions-nous mal compris le message ? »

Deux années s'écoulèrent, rythmées par des montagnes russes d'émotions et d'espoirs déçus. Cependant, au fil du temps, au lieu de céder à la frustration, Sophie et Lucas trouvèrent une nouvelle force en eux. Ils entreprirent un voyage personnel de guérison et de confiance, se tournant vers des pratiques spirituelles qui leur semblaient authentiques, indépendamment des prédictions extérieures.

C'est ainsi que, deux ans après la prophétie, alors qu'ils étaient plongés dans une dynamique de prière et de gratitude, Sophie découvrit qu'elle était enceinte. L'annonce fut accueillie avec une joie écrasante, et enfin, ils rencontrèrent leur fils, un beau bébé garçon, qui venait embellir leur foyer.

Cette histoire illustre non seulement l'impact des paroles d'un prophète, mais également la manière dont la foi peut parfois mener à l'espoir, même dans l'incertitude. Sophie et Lucas durent naviguer à travers leur déception initiale, mais leur cheminement personnel leur permit finalement de recevoir la bénédiction qu'ils avaient tant désirée. Cette expérience démontre aussi qu'il n'y a pas de calendrier divin universel ; parfois, la patience et la persévérance sont essentielles dans le voyage de la vie.

CONCLUSION

En conclusion, la Bible offre des perspectives riches et pertinentes pour nous encourager dans la lutte contre les faux prophètes et pour maintenir une foi solide et inébranlable en Dieu.

En s'appuyant sur la Parole de Dieu comme fondement, en cultivant un discernement spirituel, en plaçant notre confiance en Dieu et non en l'homme, en entretenant une relation intime avec Dieu par la prière, en résistant aux faux enseignements à travers l'armure spirituelle de Dieu, et en persévérant dans la foi malgré les défis, nous pouvons rester fermes dans notre marche de foi.

La Bible nous rappelle que Dieu est fidèle, que sa Parole est une lumière pour nos pas, et que son Esprit nous guide dans la vérité. En suivant ses enseignements et en nous appuyant sur sa force, nous pouvons surmonter les épreuves, résister aux tromperies, et demeurer ancrés dans une foi solide et inaltérable. Que ces enseignements bibliques nous inspirent, nous fortifient et nous guident alors que nous poursuivons notre cheminement spirituel, restant vigilants contre les faux prophètes et fondant notre confiance en Dieu, le roc inébranlable sur lequel nous pouvons bâtir notre vie de foi.

En d'autres termes, la question des faux prophètes et de la façon dont ils peuvent influencer négativement la foi et la croissance spirituelle des croyants est une préoccupation majeure dans les milieux religieux.

À travers une analyse approfondie des Écritures et des enseignements bibliques, il est clair que la vigilance, la connaissance de la Parole de Dieu, la prière et une foi ancrée dans la vérité sont des éléments essentiels pour identifier et contrer les faux prophètes.

La Bible nous fournit des conseils précieux sur la manière de reconnaître ces faux enseignants et de résister à leurs doctrines trompeuses. En suivant les principes établis dans les Écritures et en cultivant une relation authentique avec Dieu, les croyants peuvent se fortifier spirituellement et demeurer fermes dans leur foi, malgré les défis posés par la présence de faux prophètes.

Il est impératif pour l'Église de rester ferme dans sa foi, de s'appuyer sur l'enseignement apostolique, et de promouvoir des valeurs de vérité et d'amour dans sa réponse aux enseignements erronés. En se fondant sur la sagesse et la guidance de la Parole de Dieu, les croyants peuvent naviguer avec assurance à travers les pièges des faux prophètes et s'épanouir dans leur relation avec Dieu, en restant fidèles à Sa vérité et à Son message d'amour et de salut pour tous.

MIX
Papier aus verantwortungsvollen Quellen
Paper from responsible sources
FSC® C105338

Printed by Books on Demand GmbH, Norderstedt / Germany